감정평가사 사용법

당신의 부동산 가격을 결정하는

감정평가사 사용법

초판 1쇄 인쇄 2021년 10월 27일
초판 1쇄 발행 2021년 11월 1일

지은이 박효정

발행인 백유미 조영석

발행처 (주)라온아시아
주소 서울특별시 서초구 효령로 34길 4, 프린스효령빌딩 5F

등록 2016년 7월 5일 제 2016-000141호
전화 070-7600-8230 **팩스** 070-4754-2473

값 15,000원
ISBN 979-11-91283-93-8 (04320)
979-11-91283-14-3 (세트)

※ 라온북은 (주)라온아시아의 퍼스널 브랜드입니다.

전문가
사용법
시리즈
005

당신의 부동산 가격을 결정하는

감정평가사 사용법

How to Deal with Appraisers

| 박효정 지음 |

RAON
BOOK

감정평가는 건강검진과 같다

6년 전 저자가 나의 로펌을 방문했을 때가 기억난다. 늘씬한 키에 시원시원한 이목구비와 성격! 나는 저자가 '해외교포 출신인가'라고 생각했다. 당시 저자는 대형 감정평가법인에 다니고 있었다. 나는 그녀의 대범한 성격을 보고 개업할 것을 권유했고 그녀는 즉시 실행에 옮겼다. 당연히 지금까지 승승장구하고 있다.

생각해보면 저자와 나는 공통점이 많다. 나는 1985년에 대학교를 입학한 85학번이고 저자는 1985년생이다. 이런 나이 차에도 불구하고 우리 두 사람은 매우 친해졌다. 둘 다 성격이 매우 급해서 말이 떨어지기 무섭게 행동한다. 그리고 기존의 관습에 얽매이지 않는 것 또한 닮았다. 법조계와 감정평가업계는 고리타분한 분야로, 기존의 관행에서 쉽사리 벗어나려 하지 않는다. 그러나 저자는 업계의 관행에 얽매이지 않고 과감히 의뢰인의 이익을 추구하고 도전한다. 감정평가업계에서 쉽게 만나기 힘든 캐릭터이다.

현재 우리나라 변호사 수는 3만 명에 육박하여 자체 경쟁도 치열하고 새로운 영역개발에 적극적인 반면, 감정평가사는 아직 5천 명 정도에 불과하다. 그래서인지 감정평가사들은 국가에서 제공하는 업무용역을 받으면서, 아직도 자신들이 국가기관의 일부라고 생각하고 있는 것 같다. 시각도 사업시행자의 입장에 머물러 있는 듯하다. 부동산을 소유하고 있는 일반적인 국민의 입장과는 큰 거리가 있는 것이다.

저자는 이러한 현실을 과감히 깨부수며, 일반 국민의 편에 서서 평가업무를 하고 있다. 당연히 감정평가 법규의 틀 안에서 업무하고 있는데 창의적이면서도 섬세하게 처리하는 것이 저자의 장점이다. 저자는 현실을 못 따라가고 있는 평가 법규와 재판 현실에 대한 비판의식을 갖고 다양한 시도도 하고 있다.

우리 로펌에서 수행하는 부동산 감정평가와 관련된 사건에서도 저자의 자문과 다양한 형태의 의견서, 사감정 등이 매번 큰 위력을 발휘했다. 저자가 5년 이상의 대형평가법인에서 근무한 경력이 있고, 본인 스스로 법원에 등록된 감정인이기 때문에 법원에서 선정된 감정인이 어떻게 감정하는지에 대해서도 훤하기 때문이다.

나는 개인적으로 부동산 투자를 하면서도 저자를 통해 미리 감정평가를 받아 상당한 도움을 받았다. 병은 치료보다 예방이 최선인 것처럼, 부동산 관리도 사고가 터진 뒤에 하지 말고 미리 평가받고 관리해야 한다. 감정평가는 건강진단과 같다. 돈도 많이 들지 않는다. 투자하기 전에 미리 평가받고, 재산 상태의 변동이 예상되면 병원 가듯이 평가사를 찾아야 한다.

누구라도 저자를 보면 그 인간적 매력에 반한다. 그뿐만 아니라 업무처리 과정과 결과도 탁월하다. 재건축, 재개발, 소송감정 분야에 특화된 저자는 해외 부동산을 개발하여 소유하고 있고, 국내에서도 여러 채의 부동산을 가지고 있는 실전 투자자이기도 하다. 단순한 먹물 자격사가 아니다. 내가 《변호사 사용법》을 쓴 이후 잘나갔던 것과 같이 저자도 《감정평가사 사용법》을 쓴 뒤 더욱 잘나갈 것이다. 30대 후반의 저자에게 50대 중반의 변호사가 경의를 표한다!

_법무법인 센트로 대표변호사 **김향훈**

재산 손실을 피하는 법

일반인에게 감정평가 영역은 참으로 생소하다. 평생에 한 번 감정평가라는 분야를 알아보거나 감정평가사를 만날 일이 있을까 말까 하다. 11년간 감정평가사로 일하면서 마주했던 대부분의 사람은 이 분야에 전혀 들어본 적 없었거나 아니면 알 수 없는 적대감으로 자신들에게 유리하게 적용될 협조 요청마저 거부했었다.

감정평가사의 평가액으로 보상금이 책정되고, 각종 소송에서 부동산 가액이 결정된다. 한번 감정평가가 이루어지면 그 재산 규모의 특성상 개인의 자산 상태에 미치는 파급효과가 어마어마하다. 때에 따라서는 한 사람, 한 가족의 일생의 근간을 뒤흔들 정도이다. 그러나 대부분의 사람들에게 공공주택단지, 재개발, 신도시, 도로, 공원, 산업단지 조성 등 공익사업을 위한 수용 절차와 각종 부동산 관련 소송에서의 감정평가 제도는 당황스러운 일이다. 생전 처음 겪는 일이기 때문이다.

감정평가는 무엇인가? 감정평가사는 어떤 사람들일까? 감정평가사는 다 똑같은 감정평가사인가? 감정평가를 잘 받는 방법이 있을까? 사전준비는 어떻게 해야 할까? 일반인도 감정평가 서비스를 이용할 수 있을까? 좋은 감정평가사를 찾는 방법은 무엇일까?

이 책은 법무법인 센트로 대표 변호사 김향훈 저자의《변호사 사용법》과 세무법인 백현 서초인화지점 대표 세무사 김인화 저자의《세무사 사용 설명서》 그리고 사람들의 건강을 책임지는《의사 사용 설명서》,《치과 사용 설명서》의 뒤를 잇는 전문가 사용법 시리즈이다.

시리즈에 걸맞게 '사용'이라는 용어를 사용했지만, 사실 감정평가사는 변호사, 세무사, 의사 등을 비롯한 타 전문직종에 비해 절대적인 수 자체가 적다. 소송이 걸리면 변호사를 찾아야 한다는 것은 중학생도 알지만, 감정평가 문제가 발생했을 때 감정평가사에게 상담을 받아야 한다는 생각, 그 자체가 생소하다. 그래서 나는 감정평가의 파급력과 평가제도 및 그 활용의 필요성을 알리고자 이 책을 쓰게 되었다.

잘 모르는 분야를 마주하는 것은 불편하고 때론 두렵기까지 하다. 하지만 소송/보상/재개발/재건축/현금청산/경·공매/조세 등 부동산 분쟁이 붙었는데 잘 모른다고 피하고 애써 외면하다간 큰 손해를 입게 된다. 모르는 것은 내 사정일 뿐이고 상대는 너그럽지 않기 때문이다.

감정평가사로 살아오면서, 감정평가에 잘 대비했다면 바뀔 수 있었던 안타까운 사안들을 수도 없이 목격했다. '왜 감정평가사를 미리 만나지 못했을까?'라는 사람들의 한탄을 듣는 것이 일상이 되었다. 의사처럼, 변호사처럼, 세무사처럼 감정평가사도 일반인에게 가까운 존재가 되길 희망한다.

소중한 내 부동산에 감정평가 문제가 발생했다면, 먼저 이 책을 통해 부동산 감정평가라는 낯선 제도와 감정평가사에 대해서 감을 잡고 시작하길 바란다. 알고 시작하면 결과를 바꿀 수 있다.

감정평가사·행정사 박효정

차 례

제2장 감정평가 절차는 어떻게 될까?

제3장 감정평가사, 그들은 누구인가? (소송에서 판사 및 변호사와 같은 존재)

제4장 '감정평가사어'를 쓰는 자, 가격 전쟁의 승률을 높인다

제5장 감정평가사를 잘 사용하면 큰돈이 된다

제6장 좋은 감정평가사 고르는 법

제1장

왜 감정평가사 사용법을 알아야 하는가?

아, 당해버렸다 감정평가

지난 11년간, 셀 수 없이 방문했던 보상 현장에서 나는 기분이 좋은 토지소유자를 만난 적이 단 한 번도 없었다. 그들은 내가 나타나기 전에 이루어졌던 감정평가의 절차와 결과에 큰 불만을 표출했는데, 특히 감정평가를 '당'했다는 표현을 썼다. 이것은 사실 보상을 받아야 하는 사람으로서는 엄청나게 심각한 문제이다. 내 소유의 부동산 감정평가인데 '당'해버렸다니?

감정평가사 코빼기도 못 봤어요!

공익사업이 시행되면 절차별로 여러 감정평가가 실시된다. 공익사업에서 감정평가를 의뢰하는 쪽은 사업시행자이다. 수십

건, 수백 건 이상의 대량평가가 이루어지는데, 사실 이때 감정평가사가 일일이 소유자들과 약속을 정해서 만나거나 가가호호 방문하여 내부를 확인하는 등의 섬세한 조사가 현실적으로 어렵다. 그래서 전국의 피수용자들이 대체로 불시에 감정평가를 당했다는 표현을 쓰는 것 같다.

감정평가사는 사업시행자로부터 평가대상물건의 내역을 제공받는다. 물론 해당 내역과 공적 장부의 내용을 비교하여 현재 부동산 이용상황과의 일치 여부를 확인하고 최대한 현장에서도 파악하려고 노력한다. 그렇지만 일일이 개별 부동산에 출입하여 조사하는 것에는 다시 말하지만 분명히 한계가 있다.

정말 자주 접하는 불만 중 하나는 내 부동산의 종전자산평가를 할 때 '감정평가사를 코빼기도 못 봤다'이다. 그렇다. 감정평가사의 코빼기를 보기는 힘들다. 현장조사는 훤한 대낮에 이루어지고 그 낮 시간에 설령 소유자가 해당 부동산에 있었다고 한들 감정평가사가 남의 부동산에 무단침입하는 것도, 각각의 부동산에 문을 두드려 조사하는 것도 시간적·물리적 한계가 있기 때문이다.

일부러 몰래 평가하는가?

불시에 감정평가를 당했다고 불평하는 일을 방지하려면, 토지소유자 스스로도 현재 진행되는 공익사업의 절차와 감정평가 실시기간 등을 대략적으로라도 숙지한 후 대비하는 것이 바람직하다. 나 몰라라 하지 않아야 하는 것이다. 대부분의 사업구역에서는 감정평가와 관련한 일정을 현수막 등을 걸어 공지한다.

그렇지만 아무리 토지를 제대로 평가받고 싶은 토지소유자라도 사업 절차를 매일 확인할 수는 없는 노릇이며, 앞으로 어떤 일이 벌어질지 정확히 알 수 없다. 게다가 해당 사업과 관련하여 기존에는 어떤 평가내역이 존재하는지, 그것이 내 토지의 가치평가에 어떠한 영향을 미칠지 파악하여 대처하는 것은 거의 불가능하다. 이럴 때 전문 감정평가사에게 딱 한 번만 상담을 받아볼 것을 권한다. 어떻게 대비하면 좋을지 감이 잡힐 것이다. 사업시행자가 감정평가를 일부러 몰래 하지는 않으므로 사업 진행에 관심을 갖고 참여하되, 나아가 감정평가 시 반영되어야 할 의견을 제출하는 등의 노력을 하면서 손해를 최소화할 방안을 모색하는 것이 현명하다.

부동산 가격 전쟁, 넌 얼마짜리니?

감정평가라는 분야 자체가 생소한 것에 비해 감정평가가 핵심인 사안은 의외로 도처에 널려 있다. 매년 공시되는 표준지공시지가(정부가 공개적으로 알리는 땅값)는 재산세 산정의 기준이 되는데, 이 표준지공시지가의 산정을 감정평가사가 한다. 이외에도 감정평가액으로 결정되는 사항들이 많은데, 예를 들어 신도시 보상 금액도 감정평가액으로 결정되며, 대출금도 부동산 감정평가액에 대부비율(LTV: Loan to Value Ratio)을 적용하여 결정된다. 재건축·재개발 사업의 추가 분담금도 종전자산평가액과 비례율 등을 따져 결정된다. 공·경매 역시 최초 감정평가액에서 입찰을 시작한다. 특히 소송에서 부동산 가액을 결정하는 감정평가는 절대적인 힘을 발휘한다.

부동산에도 가격표가 있다

창밖을 내다보면 단독주택, 상가, 아파트, 빌라, 도로, 전·답, 임야 등 이 세상은 부동산(不動産)이라는 물리적인 공간으로 이루어져 있다. 그리고 이 모든 부동산에는 어떤 목적으로든지 가격이 붙어 있다. 옷가게의 옷이나 대형마트의 전자제품처럼 가격표가 외부에 붙어 있진 않지만 다 가격이 있다. 일반인들에게는 공개되지 않은 감정평가사만 볼 수 있는 가격표도 존재한다. 그렇다면 내 부동산은 얼마짜리일까? 과연 세상 사람들이 말하는 시세가 그대로 내 부동산의 감정평가 금액이 될 수 있을까?

부동산의 가격은 감정평가의 목적 및 감정평가의 시점, 감정평가의 조건 및 기준에 따라 다양하다. 부동산학에서는 이를 '가격(가치)다원론'이라고 하는데, 부동산에 딱 한 가지의 가격만 있는 것이 아니라는 것이다. 이 개념을 알면 감정평가를 좀 더 탄력적으로 나에게 유리하게, 상황에 맞게 활용할 수 있다. 부동산은 목적과 시기에 따라 다양하게 평가받을 수 있다. 상황에 맞게 부동산에 달려 있는 가격표를 바꿔주는 것은 그 부동산의 가치를 재조명하는 준거점이 된다. 개인이 처한 상황에서 필요한 감정평가와 재평가의 시기는 전문가와의 상담을 통해 결정하면 된다.

부동산 가격 분쟁이 예견된다면?

이혼하려는 부부가 재산 분할을 하는 과정에서는 분할 대상인 부동산의 가액에 따라 주고받을 금액이 결정된다. 유류분반환청구소송을 제기하는 사람 입장에서는 부동산 가치가 높을수록 반환받을 것이 많아진다. 당연히 상대방은 그 사안에 대해서만큼은 부동산 가치가 낮게 산정되기를 바랄 것이다. 또 부동산 임대료의 부당이득반환을 청구하는 사람은 임대료가 높다고 할 것이고 상대방은 낮다고 할 것이다.

재건축 조합설립 미동의자 또는 분양미신청자와 조합 사이의 소송인 소유권이전등기 청구 소송(매도청구소송)의 경우, 매수해야 하는 부동산 가격이 낮게 책정될수록 사업비가 절감돼 조합 입장이 유리해진다. 도로, 공원 등 공익사업에 편입된 토지주는 보상금을 높게 받고 싶을 것이다. 다툼에는 당사자가 있고 그와 이해관계가 완전히 상반되는 상대방이 존재한다. 당사자는 부동산 가격이 최대한 높게 나오기를 바라는 반면, 상대는 최대한 낮게 나와야 유리한 것이다. 이때 부동산 감정평가라는 제도가 활용된다. 부동산 가격을 놓고 이해가 충돌하는 양자의 사이에서 응당 존재해야 할 부동산 가격을 결정하는 것이다. 부동산 가격이 어떻게 평가되느냐에 따라 많은 이해관계가 정리된다. 결정된 돈을 주고받고 분쟁이 종결된다.

전쟁이 예견될 때는 좋은 무기를 갖추고 참전을 준비해야 한다. 마찬가지로 부동산 가격 분쟁이 예상될 때 소극적인 자세로 방관해서는 곤란하다. 주도적으로 싸움을 끌어가는 노력이 필요하다. 내가 소개하는 싸움에서는 감정평가에 관한 지식이 가장 막강한 무기가 된다. 부동산 분쟁이 발생했다면 전문가를 통해 내 부동산에 붙어 있는 가격표가 있는지, 얼마 정도가 책정될 수 있는지 먼저 확인할 것을 추천한다.

헐값 보상 논란과 혼란스러운 보상금 증액 컨설팅

- ◯◯교회 "토지 헐값 보상은 재산권 침해" 헌법소원 제기
- ◯◯지구 적정보상 요구 삭발 단식 투쟁
- ◯◯동 주민들 분통… 공시지가 18%↑, 보상은 1%↑, 헐값에 땅 넘기고 고향 쫓겨날 판
- ◯◯신도시 토지주 '헐값 보상' 주장…
- ◯◯주택 곳곳서 마찰, "헐값 보상 수용 못 해"

보상 민원과 관련된 2021년 온라인 기사의 실제 제목들이다. 기사 내용은 대체로 강제수용 당하는 것도 억울한데 보상금은 시세와 동떨어진 수준으로 책정되어 문제라는 것을 골자로 한다.

왜 보상금은 늘 헐값일까?

개발사업에서 왜 헐값 보상 논란이 끊이지 않는 것일까? 먼저 보상금 감정평가 시 적용되는 법률인 「공익사업을 위한 토지 등의 취득 및 보상에 관한 법률」에서는 '해당 공익사업으로 인하여 토지 등의 가격이 변동된 것을 고려하지 않고 평가'하도록 하는 이른바 개발이익 배제의 원칙을 규정하고 있는 것이 가장 큰 이유가 된다. 보상 감정평가와 관련된 법률 등에 개발이익을 배제하는 다양한 평가기법 및 장치가 있다.

피수용자들은 대체로 감정평가사의 보상평가액 그 자체에 큰 불만을 표시한다. 일단 보상평가를 잘 받으면 좋은 것은 불변의 사실이다. 그러나 보상금이 정당한 수준으로 평가되었다고 하더라도 이를 헐값으로 둔갑시키는 요인들이 있다.

보상금을 헐값으로 만드는 현실적 문제들

우선 개발사업으로 인한 공익사업구역 외 인근 지가가 상승하는 것이다. 개발호재로 동네 지가가 천정부지로 뛰어올랐다면 개발이익이 배제된 보상금, 즉 개발사업이 없다는 가정하에 상정된 가액을 수령해서는 수용된 토지 인근에 비슷한 스펙의 대체지를 취득하는 것이 거의 불가능해진다. 그 와중에 수용 보상금에 대해 양도소득세도 내야 한다. 예를 들어 다음과 같은 상황이 벌어진다. 내 보상금은 5억 원인데 동네 부동산은 6억 원으로 올라버린 것이다. 보상금을 받아서 양도소득세 1억 원을 내고 나니 수중에 4억 원이 남는다. 인근에서 대체지를 취득하려고 보니 내 돈을 한참 보태야 된다. 당연히 억울하다. 사업구역에서 빠진 옆집 민식이네는 5억 원이었던 집이 6억 원이 되었는데, 공익사업에 편입된 우리 집은 5억 원이었던 것이 4억 원이 된 것이다. 실제로 최근 업무 수행한 의뢰인들 중에는 강제수용으로 인한 양도소득세만 10억 원 이상 납부한 분들도 많다. 엄청난 금액이다.

이 때문에 전국의 수많은 보상사업지에서 "이 돈 받아서는 이 땅하고 똑같은 땅 못 산다!"라는 이야기가 나오는 것이다. 땅이라고 표현했지만 가족이 살던 집일 수도, 꼬박꼬박 나오는 월세로 노년의 생계를 보장하던 상가가 될 수도 있다. 내가 만났던 많은 피수용자 중 자금적인 여유가 있는 분들은 본인 돈을 더 들여 수용된 부동산의 인근에 대체 부동산을 취득했지만 대부분의 원주민들은 외곽으로 밀려나갔다.

혹자는 양도차익에 붙는 것이 양도소득세이므로 당연히 납부해야 한다고 할 수도 있다. 하지만 팔지 않고 부동산을 계속 보유했다면 안 내도 될 돈이다. 강제로 수용당하는 것 아닌가. 그렇다고 수용 부동산에는 양도소득세를 전면 폐지해야 된다는 주장도 온당치 않다. 개인적으로는 수용 후 취득한 대체 부동산을 양도할 때와 수용 부동산을 양도할 때 둘 중 한 번만 납부하도록 피수용자에게 선택권을 주는 것이 대안이 될 수 있다고 생각한다.

대체지 취득 시 발생하는 중개 수수료, 법무사 수수료 등도 모두 피수용자가 부담한다. 토지보상을 받은 후 1년 이내(농지는 2년 이내) 인근 부동산을 취득하면 수령한 토지보상금의 한도에서 취득세가 면제되지만, 살펴본 바와 같이 개발호재로 인한 인근 지가 상승, 피수용자의 양도소득세 납부, 기타 수수료 발생 등의 사유로 같은 돈을 받고서는 온전한 대체지 취득이 불가능하다. 이 모든 것들이 어우러져 헐값 보상 논란이 발생하는 것이다. 따라서 컨트롤이 불가능한 시장상황, 세금, 비용 등 복잡한 상황에 내몰린 피수용자로서는 최소한 보상평가 그 자체만이라도 반드시 잘 받아야 한다.

보상금 분쟁의 절차와 혼란스러운 증액 컨설팅

공익사업에 편입되는 토지 등의 수용 및 보상 절차는 크게 협의절차, 행정심판절차, 행정소송절차로 구분할 수 있다. 각 절차마다 '감정평가액'으로 보상금이 산정된다. 보상 감정평가를 세분화하면 ① 협의보상평가 ② 수용재결평가 ③ 이의재결평가 ④ 행정소송평가로 이루어진다.

정리하면, 토지 등이 수용되는 절차에서 많게는 네 번까지 감정평가를 받아볼 수 있다. 보상금을 증액할 기회가 있다는 것이다. 전 단계의 감정평가에 이의가 있는 경우, 이의신청 하는 부분을 서면으로 정리하여 제출하며, 다음 단계의 감정평가가 이루어질 때 현장에 입회하여 현장조사에서 의견을 개진하기도 한다. 그 과정에서 보상금이 오르기도 하고 떨어지기도 하는데 통상 조금씩 올라간다. 그러나 항상 올라가기만 하는 것은 아니다. 다시 말하지만 떨어지기도 한다.

보상금 분쟁 단계를 거치며 증액을 시도하는 피수용자와 그의 대리인은 핵심을 파악하여 적절히 주장해야 한다. 잘 주장해도 잘될까 말까이기 때문이다. 그러나 보상평가 및 보상의 절차에 대한 잘못된 상식을 바탕으로 요상한 전략을 구사하는 모습을 보게 된다. 수십, 수백 개의 잘못된 컨설팅과 대응들을 봐왔다. 감액을 원하는 사람이 해야 하는 행동을 하거나 당장 조치를 취해도 모자랄 판국에 '아직 아무것도 안 해도 괜찮다'는 비전문가의 말을 믿고 대응 시기를 놓치는 경우도 허다하다. 안타깝다. 감정평가를 모르는 피수용자가 감정평가 비전문가를 만나 혼란의 도가니로 빠져든다.

철거 전에 감정평가해야 이득이다

얼마 전 상담한 내용이다. 재개발 구역의 현금청산자인 분이 중앙토지수용위원회(공공사업용 토지 수용과 관련된 사항을 판정하기 위한 행정기관)의 이의재결까지 거친 후에도 여전한 보상금 불만으로 행정소송을 제기했다고 했다. 행정소송에서 다시 감정평가를 받아야 하는 것이다. 여기서 핵심은 3~4년 전 수억 원을 들여 전체 리모델링했던 건물이 행정소송 제기 후 '법원감정평가를 받기 전'에 철거된 것이다.

부동산 멸실 = 평가대상 목적물의 증발

상담을 요청한 분은 이의재결 당시에 감정평가가 진행되는 날짜와 시간을 몰라서 리모델링했던 건물 내부를 감정인에게 보여주지 못해 내내 염려했었다고 했다. 결국 보상금이 너무 낮게 산정되어 소송을 결심하게 되었다고 한다. 그런데 건물만 문제가 아니라 보상내역에서 빠진 이른바 누락지장물(공공사업 시행 지구에 속한 토지에 설치되거나 재배되고 있어 그해 공공사업 시행에 방해가 되는 물건으로 시설물, 창고, 농작물, 수목 등을 말한다)이 많다고 했다. 건물주에게 철거 전에 사진이나 동영상 촬영 등을 해놓았는지 물었다. 건물주는 다른 도시에 살고 있었고 행정소송까지 제기해놓은 마당에 급박하게 철거가 진행될 줄 몰랐기에 별도로 준비해놓은 자료가 없다고 했다. 너무 억울하다는 하소연을 들었다. 평가대상이 멸실된 경우엔 감정인도 참 난감하다. 감정인이 아무리 보상금을 올려주고 싶다고 해도 이미 사라진 물건, 확인할 수 없는 내부 리모델링, 없어져버린 누락지장물을 무슨 수로 평가할 수 있단 말인가.

이미 다 철거되어 공사 중인 현장에서는 본건이 소재했던 곳까지의 진입조차 불가한 경우가 대다수이다. 억울한 토지주는 여기에 뭐가 있었고, 저기에 무엇이 있었다고 열심히 설명하지만 사진도, 목록도, 그 부분을 반영했던 감정평가도 없는 상태가 되어버린 것이다. '존재했다고 하는 그 물건과 상태'를 확인하지 못한 채 상상에 의한 평가를 할 수는 없는 노릇이다.

멸실부동산 평가 시 무엇을 참고할까?

부동산이 철거되면 일차적으로는 없어져버린 건물을 제대로 평가받기 힘들어지고 사진 또는 동영상 등으로 소재여부, 위치, 구조, 규격, 이용상황 등이 명확히 확인되지 않는 이상 누락되었다고 주장하는 지장물을 감정인이 마음대로 추가하여 평가할 수 없다. 토지는 하늘로 날아가버리는 일은 없으니 상황이 좀 낫다. 하지만 철거 후라면 감정인이 실지조사를 통해 느끼는 토지의 인근 환경, 장점 등도 희미해져 철거 후 감정평가는 여러모로 불리하다.

멸실된 부동산을 평가하는 감정인은 항공사진, 과거의 로드뷰나 3D지도 등을 통하여 건물의 외관이나 그 토지가 가졌던 입지적 장·단점을 파악한다. 그리고 해당 부동산에 대해 존재하는 「기존의 감정평가서와 기존의 감정내역」을 참고한다. 여기까지 설명하면 상담하던 토지주가 펄쩍 뛴다. 기존의 보상액이 낮아서 소송까지 불사했건만 여기서도 기존의 감정내역을 참고해서 평가한다니! 보상액이 낮다고 다투는 입장에서는 청천벽력 같은 소식이다. 그러나 이렇게라도 다시금 평가를 받아보는 경우도 있고, 철거된 건물 등 지장물에 대해서는 평가불능 통보를 받는 경우도 있다.

철거 후 감정평가에 대비하라

재개발이나 각종 공익사업에서 지방 또는 중앙토지수용위원회의 수용재결을 거쳐 적법하게 사업시행자에게로 소유권이 이전되면, 명도 등의 문제를 차치하고 건물이 언제 철거되어도 이상하지 않다. 따라서 무엇보다도 철거 전에 제대로 평가받는 것이 중요하다. 사업시행자에게 소유권이 이전되기 전부터 천천히 내 부동산이 철거된 후에도 제대로 감정평가를 받을 수 있도록 대비를 하는 것이 지혜롭다.

먼저 건물의 내·외부 사진을 충분히 찍어놓고 동영상 촬영도 해둔다. 사진과 동영상은 '가로'로 촬영하는 것이 좋다. 하지만 사진만으로는 부족하다. 건물 내부를 어떻게 사용하고 있는지 현황과 일치하는 도면의 작성도 필요하다. 또한 사업시행자가 제시하는 보상목록과 실상이 명확히 일치하는지를 파악할 수 있도록 목록 자체와 구조, 면적, 이용상황 등을 확인하고 행여 불일치하는 부분이 있다면 특히 그 부분을 명백히 밝혀놓아야 보상금 분쟁을 지속하기 쉽다. 이를 위하여 철거 전에 사감정을 받아두는 것도 도움이 된다.

Q. 보상금소송(행정소송)이 끝나기도 전에 철거가 가능한가?

A. 가능하다. 부동산 소유권은 수용재결 이후 수용의 개시일에 사업시행자에게 이전된다. '사업시행자의 것'이 되므로 건물을 지지고 볶든지 철거를 하든지 아무런 문제가 되지 않는다.

감정평가를 '잘' 받는 법이 있을까?

일을 하면서 참 다양한 사람들을 만나게 되는데 그들로부터 비슷한 질문을 받는다. 바로 '감정평가를 잘 받는 법'에 대한 질문이다. 나는 항상 똑같이 대답한다.

"감정평가 잘 받는 법이요? 당연히 있지요."

토익을 잘 보려면 토익 고수를 찾아라

토익 시험 잘 보는 법, 건강하게 살 빼는 법, 떡국 만드는 법, 면접 잘 보는 법 등 세상의 모든 일을 가장 빨리 효율적으로 해내는 방법은 그 분야에 특화된 사람과 접촉하여 기술적으로 일을 처리하는 것이다. 토익 시험에서 높은 점수를 받고 싶은 사람은 어떻게 해야 할까? 궁극적으로 영어를 잘 하게 되면 좋겠지만 시험은 시험일뿐이다. 점수를 잘 받으면 될 일이다. 따라서 해외로 어학연수를 가거나 화상이나 전화 영어에 돈을 쓰는 것이 아니라 국내의 토익 고수를 찾아 시험에서 점수 따는 스킬을 배워야 한다. 그리고 그 스킬을 숙지하는 데 온 힘을 집중하면 된다. 토익 고수의 조언이 토익 시험에 도움이 된다. 다 같은 선생이라고 수학 선생에게 과외를 받아서는 안 된다. 친척 형이 수학 선생이라고 혹은 친구가 교육부 공무원이라고 그들에게 연락해서 토익 과외 해달라고 할 것인가? 아니다. 반드시 최근 트렌드를 모두 숙지하고 있는, 계속 토익 만점으로 실력을 입증하고 있는 토익 고수를 찾아서 내 상태를 공개하고 상담을 받아야만 목적에 부합하는 제대로 된 컨설팅을 받을 수 있다.

지피지기이면 거의 백전백승

감정평가를 잘 받고 싶으면 '그 분야에 특화'된 감정평가사를 찾아 내 부동산의 현 상황을 진단하고 감정평가의 목적과 시점에 따른 감정평가 컨설팅을 받아야 한다. 소송 중인데 감정평가에서 좋은 결과를 얻고 싶다, 보상 감정평가 시 주장해야 할 내용이 무엇인지 알고 싶다, 감정의견서를 작성해야 한다, 재평가를 받고 싶다 등 감정평가를 잘 받고 싶은 이유는 무수히 많다.

중요한 부동산 감정평가를 잘 받으려면, 기본적으로는 감정평가라는 제도를 이해해야 한다.

감정평가사가 병아리 감별사인 줄 알았다는 농담은 전혀 재미있지 않다(실제로 많이 들어본 농담인데 한 번도 웃어본 적이 없다). 한 번 이루어진 평가는 그 파급력이 막대하고, 수정하기 어렵다. 그러므로 알아서 잘 하겠지 하며 방치하는 것은 평가를 잘 받고 싶은 사람의 태도가 아니다. 감정평가를 잘 받고 싶다면 적극적으로 도움이 될 의견과 참고가 될 자료를 제출해야 한다. 그리고 감정평가는 감정평가사가 하는 것이므로 그들이 누구인지, 어떤 생각을 하는지, 절차는 어떻게 되는지, 감정평가업의 특수한 업무 문화가 있는지, 좋은 감정평가사를 만나기 위해서 무엇을 해야 하는지 등 알려는 수고를 마다하지 않아야 한다.

감정평가사를 아는 사람과 모르는 사람

특정 분야에 특화된 평가사를 아느냐 모르느냐에 따라 동일한 사안에서 다른 결론이 나온다. 부동산 가격이 분쟁의 핵심인 사건에서 평가사를 알고 활용했던 사례와 모르고 활용하지 못했던 사례를 소개한다. 모두 실제 내 의뢰인의 사례로 실화이다.

부동산 분쟁에서는 꼭 감정평가사를 찾아가라

사실 이러한 사례들은 100개도 넘지만 결론은 한 가지이다. 사람들은 소송이 붙으면 해당 분야를 전문으로 다루는 변호사를 찾아가는데(하다못해 상담이라도 받는데) 감정평가와 관련된 분쟁이 발생하면(혹은 예정되어 있으면) 해당 분야를 특별히 취급하는 감정평가사를 찾지 않는다. 이 분야가 상대적으로 생소하고 잘 알려지지 않아서 그런 것 같다. 하지만 감정평가사는 아플 때 의사를 찾아가는 것과 같이 부동산 분쟁(재산 분할, 보상, 담보, 경매, 현금청산 등)에서 항상 찾아다녀야 하는 존재이다.

사례 1. 저렴하게 산 노후주택을 대수선했던 A씨

A씨는 재개발지역에 투자 및 일정기간 거주용으로 부동산을 구입했다. 노후건물(사용승인일 1950년대)이라 건물의 가격은 거의 없었고 토지마저 시세 대비 싸게 살 수 있었다. 매수 직후 대수선을 했다. 신혼부부이고 곧 태어날 자녀와 쾌적한 환경에서 살기 위해 전체 공사비로 2억 원을 들여 완전히 새 집을 지은 것이다.

이후 감정평가사를 통해 대수선한 건물의 가치와 시세 대비 저렴하게 살 수 있었던 토지 가치를 제대로 평가받기 위해 종전자산평가가 진행되기 전 받아놓은 시가감정을 통해 지출한 공사비내역과 매수한 토지 가치 상승을 증명해놓았다. 이후 재개발 절차가 진행되면서 통보받은 종전자산평가금액에 현실 부동산 상황이 잘 반영된 좋은 결과를 받게 되었다.

사례 2. 올 리모델링한 건물 내부를 보여줄 수 없었던 B씨

B씨는 사례 1과 동일한 상황에서 아무런 대비 없이 종전자산평가 및 현금청산을 위한 감정평가를 받았다. 핵가족이었고, 생

업 때문에 지방출장이 잦았던 그는 구역 내 전체 감정평가 현장 조사 일정에 도저히 참여할 수 없었고, 감정평가사들에게 전체 리모델링, 이른바 올 리모델링을 한 내부를 보여줄 수 없었다.

결국 결정된 현금청산액은 본인이 건물 수리 당시 지출했던 비용의 60% 수준이었다. 현장을 수차례 방문했지만 내부를 확인하지 못했던 감정평가사들을 탓할 수도 없는 노릇이었다. 만약 그가 A씨처럼 개인 일정을 맞춰서 시가감정을 받았더라면 충분히 현실을 반영한 좋은 결과가 있었을 것이다.

사례 3. 제때 대비했던 단체 의뢰인들의 파격적인 성과

유사 지역에서 재건축 종전자산평가 후 현금청산을 대비했던 그룹과 대비하지 못했던 그룹이 있었다. 종전자산평가 후 현금청산 대비 그룹은 법원감정평가 금액이 종전자산평가 대비 70% 이상 상승한 것에 비해, 대비하지 않은 그룹은 오히려 종전자산평가보다 5% 가량 하락했다.

사례 4. 재감정의 기회를 제대로 살렸던 C씨

재건축아파트 단지 내 상가의 종전자산감정평가액이 55억 원 수준이었는데, 대법원까지 가서 재감정 명령을 받은 의뢰인 C씨는 천신만고 끝에 다시 얻게 된 감정평가 기회를 잘 활용하고 싶었다. C씨는 미리 자산 가치를 면밀하게 파악하여 같은 시점으로 시가감정을 83억 원 수준으로 받았다. C씨가 해당 자료를 제출한 후 다시금 종전자산평가를 받을 때는 80억 원 수준으로 결정되었다. 무려 25억 원 가량이 상승했는데, 나의 조언으로 두 개 기관을 고용했던 그가 지급한 감정평가 수수료는 총 2,500만 원 정도였다. 물론 당시 종전자산감정평가를 다투지 않거나 중간에 포기했던 다른 조합원들은 재감정을 받을 수 없었다.

사례 5. 조합과의 한판 승부를 조력자와 함께했던 D씨

D씨는 재건축 조합으로부터 자신들이 제시한 매매대금으로 부동산을 매도하든지 아니면 구체적인 협상을 위한 가격을 제시하라는 요청을 받았다. 하지만 일반 직장인이었던 그는 부동산 가치에 대한 감도, 근거도 없었고 얼마를 말해야 할지 답답했다. 게다가 D씨의 부동산이 소재하는 지역은 최근 몇 년 새 부동산 가격이 매우 폭등했다가 문제시되는 기준시점 이후로 정부 정책의 영향을 받아 가격이 확 빠진 지역이었다. 그래서 물어보는 사람마다 천차만별의 가격 조언을 했다.

여기서 D씨와 그의 주변인들이 몰랐던 것은 감정평가의 기준시점이 고정되어 있기 때문에 그의 부동산 가격 평가 시에는 정부 정책으로 인한 가격하락분을 반영하지 않다는 것이었다. 그러나 동네 부동산 가격이 자꾸 떨어지자 초조해져 처음 조합에서 제시받은 금액을 받고 팔겠다고 마음을 먹었는데 이를 만류

하는 나와의 상담 끝에 감정평가를 진행했다. 감정평가서를 근거로 협상을 요청하자 조합에서는 최초 제시했던 금액보다 30% 높은 금액을 주겠다고 했다. D씨는 포커페이스를 잃고 기뻐하며 받아들이려고 했다. 나는 조합 측의 협상을 거절하고 법원감정을 받는 것이 낫겠다고 조언했고, 결과적으로 조합의 최초 제시금액 대비 50% 정도 상승한 금액으로 청산할 수 있었다.

사례 6. 이혼소송에서 사감정을 활용했던 E씨

E씨의 이혼소송에서는 재산 분할 다툼이 치열했다. 쟁점은 두 가지였다. 하나는 재산을 몇 대 몇으로 나눌 지에 관한 재산 형성 기여도였고, 다른 하나는 나눌 부동산의 가액이 얼마인지였다. 100원에서 60%를 받는 것보다 150원에서 50%를 받는 것이 이득이다. 가장 좋은 시나리오는 150원에서 60%를 받는 것이다. 기여도 부분은 이혼 전문 변호사들이 열심히 다투고 있었는데, 부동산 가액이 너무 낮게 나와 문제였다. 게다가 항소심까지 가서 시간이 흘러 부동산 가액이 1심 법원감정 당시에 비해 많은 차이가 나는 상황이었다. E씨는 항소심이 진행되던 당시 시점으로 사감정을 받아 1심 대비 부동산 가격이 큰 폭으로 변동했음을 주장하여 법원감정을 다시 받을 수 있었다. 큰 부동산이었고 평가액이 100억 원 이상 오르는 좋은 결과로 종결할 수 있었다.

증여와 상속, 감정평가로 절세하는 사람들

갑작스런 상속, 준비 없는 증여는 세금 폭탄으로 귀결될 수 있다. 그러면 어쩌라는 것인가. 감정평가를 하면 합법적으로 절세할 수 있다. 게다가 상속세 및 증여세법에 따라 감정평가 수수료는 500만 원까지 과세가액에서 필요 경비로 공제까지 된다.

증여세(상속세) 자체를 줄이는 사람들

- ◯◯아파트 증여 6.3배 증가… "세 부담 회피, 매도보다 증여로"
- '세금 폭탄' 앞둔 다주택자의 선택, 매도 대신 '증여'
- 은퇴 앞두고 자녀에게 아파트 증여하고 싶은데… 수천만

원 절세 방법

- ‘무서운 세금’… 부동산 매매 대신 증여
- 아파트 증여 역대 최고 수준으로 폭증한 이유
- 공시가격 급등에 부동산 증여 9개월 만에 최다…강남구 10배↑

2021년, 포털사이트에서 ‘증여’라는 키워드로 검색하면 나오는 신문기사 제목을 몇 개 모아봤다. 부동산 증여가 폭증하고 있다. 부동산 가격이 계속 오를 것으로 예상되니 당장 매도하고 싶지 않거나 매도가 곤란한 다주택자는 보유세나 양도소득세를 피하기 위해서 자녀 등에게 증여를 한다. 그런데 이때 납부해야 할 증여세도 만만치가 않다. 결국 증여세를 최대한 줄여야 한다. 어떤 방법이 있을까? 감정평가를 활용하면 절세가 가능하다.

증여가 폭증하며 절세를 위한 감정평가 수요 역시 급격히 상승하고 있다. 또한 증여·상속하려는 부동산과 유사한 부동산의 최근 매매사례가 증여세, 상속세 산정의 기준이 되는 시가로 인정될 가능성이 높다. 여기서 절세를 위해 꼭 알아야 할 것은 증여·상속 부동산의 감정평가액이 유사 부동산의 매매사례보다 우선하여 적용된다는 것이다. 매매사례가 있어도 감정평가액으로 신고가 가능한 것이다.

그렇다면, 유사 부동산의 최근 매매사례에 비해 증여·상속 부동산의 감정평가 금액이 더 낮은 경우, 세금 부담이 줄어들게 된다. 이 내용들을 꼭 기억해두길 바란다. 굉장히 중요한 내용이다.

일반적으로 아파트와 같은 공동주택은 동일 단지, 동일 평형의 최근 매매금액, 그 외의 부동산은 위치·이용상황·면적·기준시가 등의 유사한 부동산 매매금액이 시가로 인정될 가능성이 높다. 상속 또는 증여 일자를 기준으로 상속의 경우는 전·후 6개월, 증여의 경우 전 6개월, 후 3개월 이내에 존재하는 감정평가 금액은 상속, 증여 당시의 시가로 인정받는다.

숫자로 확인하는 감정평가 활용 증여세 절세 사례

증여세 절세의 사례를 숫자로 확인해보자. '부동산계산기'라는 앱이 있는데 나도 개인적으로 증여세 평가 관련 업무나 상담을 할 때 꽤 유용하게 쓰고 있다. 해당 앱에서 성년인 직계비속에게 부담부 증여(채무부담액 3억 5천만 원)를 하는 경우의 증여세를 계산해보자.

유사 부동산의 최근 매매가액인 5억 원을 기준으로 하는 경우 증여세는 970만 원으로 계산된다. 한편 증여시점의 6개월 전을 기준시점으로 한 감정평가액 4억 원을 기준으로 하는 경우 증여세는 전혀 발생하지 않는다.

■ 부동산계산기 앱 계산 내역

#	적요	유사부동산 매매가액	감정평가액	비고
1	증여재산가액	500,000,000원	400,000,000원	입력값
2	채무부담액	350,000,000원	350,000,000원	입력값
3	증여세 과세가액	150,000,000원	50,000,000원	증여재산가액-채무부담액-비과세액 등+가산액
4	증여재산공제	50,000,000원	0원	직계비속 공제액
5	과세표준	100,000,000원	-	증여세과세가액-증여공제-수수료 등
6	산출세액	10,000,000원	-	1억 원 이하 세율 10%, 누진공제 0원
7	신고 세액공제액	300,000원	-	자진신고하여 납부할 경우 3% 공제
8	증여세	9,700,000원	0원	최종 납부액 (신고세액 공제 적용)

증여세가 970만 원에서 0원으로 줄어들었다. 이때 의뢰인이 지불한 감정평가 수수료는 약 80만 원이다. 감정평가 이익은 얼마일까?

9,700,000원(감정평가 없는 경우 증여세) - 800,000원(감정평가 수수료) = 8,900,000원

증여·상속 시 감정평가를 통해 수천만 원에서 수억 원을 절세

하는 대신 증여하려는 아파트와 유사한 아파트의 최근 매매사례가 없다고 공동주택공시가격 등으로 신고하는 경우도 더러 있는데, 신고 후 최장 9~15개월 이내에 매매사례가 발생하면 그 시세로 세금이 부과될 수 있다. 따라서 매우 조심해야 한다. 요즘과 같이 부동산 가격이 상승하는 시기에 증여 및 상속을 하고 나서 9~15개월 후에 수억 원 더 오른 매매금액으로 과세된다면 그야말로 세금 폭탄을 맞게 되니 애초에 최대한 절세한 금액으로 신고하는 것이 좋다.

증여 · 상속 재산의 취득 가액을 높여 양도소득세를 줄이는 사람들

부동산은 취득, 보유 및 양도 3단계에서 각각 과세한다. 상속·증여는 곧 부동산을 '취득'하는 것이고, 이 재산을 '보유'하다가 '양도'한다. 누구나 알고 있는 양도소득세를 낮추는 가장 좋은 방법은 양도가액을 낮추거나 취득 가액을 높이는 것이다. 그러나 표면적인 양도가액을 낮추기 위해 부동산 거래를 할 때 다운계약서를 쓰는 것은 불법이고 양도소득세가 무섭다고 일부러 염가로 팔 사람도 없다. 세금이고 뭐고 일단 비싸게 팔고 보는 것이 좋기 마련이니까.

그렇다면 취득 가액을 합법적으로 높일 수 있을까? 상속·증여 시 세금 신고를 위해 감정평가를 이용하면 가능하다.

우리 사무소는 각종 공익사업, 소송 등에서 보상과 관련된 분쟁 업무가 많다 보니 종종 상속받은 재산을 강제수용 당하는 피수용자들을 만나게 된다. 상속 재산을 양도할 계획이 전혀 없었거나 또는 피상속인의 사망 등으로 경황이 없어서 꼼꼼히 따져보지 못하고 엄청나게 낮은 공시지가로 신고했는데 강제수용으로 양도하면서 세금 폭탄을 맞게 되는 것이다. 상속할 때 기초공제, 자녀 공제, 배우자 공제 등 공제되는 부분을 활용하여 상속세가 전혀 나오지 않도록 하면서도 취득 가액을 시가로 충분히 올릴 수 있다.

숫자로 확인하는 양도소득세 절세 사례

상속·증여 받은 재산을 양도하는 경우 발생하는 세금을 시뮬레이션 해보자. 다시 한 번 강조하면 감정평가액으로 취득 가액을 높일 수 있다. 다음은 감정평가 수수료 150만 원으로 양도소득세를 4천만 원 이상 절약하는 사례이다.

상속세를 기준으로 살펴보면 상속세 산정의 조건은 배우자가 있고, 직계비속 1명인 경우이며, 장례 비용은 500만 원이다. 이때 공시지가(또는 공동주택공시가격)인 6억 원으로 신고한 경우와 감정평가액인 10억 원으로 신고하는 경우 모두 상속세는 발생

■ 부동산계산기 앱 계산 내역

#	적요	공시지가로 상속세 신고(A)	감정평가액으로 상속세 신고(B)	비고
1	상속재산 가액	600,000,000원	1,000,000,000원	입력값
2	장례 비용 등	5,000,000원	5,000,000원	입력값
3	상속세 과세가액	595,000,000원	995,000,000원	상속재산가액-장래 비용 등
4	배우자 공제	500,000,000원	500,000,000원	배우자 기본 공제 5억 원
5	자녀 공제	50,000,000원	50,000,000원	자녀 수×5천만 원
6	인적 공제	500,000,000원	500,000,000원	일괄 공제 5억 원 적용
7	감정평가 수수료	-	1,500,000원	입력값
8	상속세 과세표준	0원	0원	과세가액-공제액-수수료 등
9	상속세	0원	0원	과세표준액이 0원이므로 상속세 없음

하지 않는다.

다음 페이지에 나와 있는 표는 이 부동산을 매매할 때의 양도소득세를 계산해본 것이다. 양도 조건은 주택, 1주택자, 기본 공제, 3년 보유, 양도가액 13억 원, 소요 경비 1,300만 원이다.

■ 부동산계산기 앱 계산 내역

#	적요	공시지가로 취득한 경우(A)	감정평가액으로 취득한 경우(B)	비고
1	취득 가액	600,000,000원	1,000,000,000원	입력값
2	취득 일자	2017-12-31	2017-12-31	입력값
3	양도 가액	1,300,000,000원	1,300,000,000원	입력값
4	양도 일자	2021-01-01	2021-01-01	입력값
5	양도차익	687,000,000원	287,000,000원	양도가액-(취득 가액+소요경비)
6	보유 기간	3년 0개월	3년 0개월	취득일자로부터 양도일자
7	과세대상 양도차익	211,384,615원	88,307,692원	양도차익×(양도가액-9억 원)/양도 가액
8	장기보유 특별공제	12,683,077원	5,298,462원	1주택(요건 미충족) 보유기간 3년 공제율 6%
9	과세표준	196,201,538원	80,509,231원	연 1회 인별 250만 원 공제 적용 과세표준
10	양도소득세율	38%[1)]	24%[2)]	주석 참고
11	양도소득세	55,156,585원	14,102,215원	과세표준 세율-누진공제액
12	지방소득세	5,515,658원	1,410,222원	양도소득세의 10%
13	총 납부금액	60,672,243원	15,512,437원	양도소득세+지방소득세

* 1) 3억 원 이하 38%(누진공제액 1,940만 원)
* 2) 8,800만 원 이하 24%(누진공제액 522만 원)

양도소득세의 총 납부금액이 60,672,243원에서 15,512,437원으로 줄어들었다. 상속재산을 감정평가할 때 의뢰인이 지불한 감정평가 수수료는 약 150만 원이다. 감정평가 이익은 얼마일까?

서두에 소개한 바와 같이 감정평가 수수료 150만 원을 들여

60,672,243원(공시지가로 상속세 신고한 경우 양도소득세) - {15,512,437원(감정평가액으로 상속세 신고한 경우 양도소득세) + 1,500,000원(감정평가 수수료)} = 43,659,806원

서 양도소득세를 무려 약 4천만 원 이상 절약한 것이다. 개념을 설명하는 차원에서 아주 단순한 가정과 계산을 예로 들어봤다. 감정평가를 통해 증여·상속세를 효과적으로 절세할 수 있으니 잘 활용하시기 바란다.

감정평가하면 이익인가?

상속·증여 시 절세는 물론이고, 각종 분쟁에서 감정평가를 활용하여 경제적 이익을 창출한 사례는 셀 수 없이 많다. 내가 운영하는 네이버 블로그에도 많이 게재되어 있다. 의뢰인의 입장에서는 감정평가 수수료에 대비해 발생하는 이익을 따져보지 않을 수 없는데, 감정평가 이익은 결국 지불하는 수수료 대비 창출된 가치가 크다면 그 차액만큼이 이익이다. 받을 돈 더 받고, 낼 돈을 덜 내는데 그 금액이 평가 수수료보다 크면 이익인 것이다.

증여는 '2023년 이전'에 서둘러 하는 것이 절세에 유리하다

부동산 감정, 2023년부터 증여취득세 껑충 뛴다

정부가 2023년부터 증여, 상속 등 무상취득에 대한 취득세를 사실상 '실거래가'로 과세하기로 예고했다. 시기를 조절하여 절세가 가능한 증여 부분을 살펴보자. 현행 증여취득세는 시세의 70~80% 수준인 공시가격을 기준으로 산정된다. 이것을 2023년부터 시가인정액(매매사례가액, 감정가액, 공매가액, 유사매매사례가액 등)으로 과세표준을 책정하게 된다.

공시가격 현실화율에 따라 다르겠지만 2023년부터는 당장 증여취득세의 과표 자체가 현행보다 약 25~40% 오르게 되는 것이다. 증여세 절세 플랜을 짜는 손님들과 감정평가를 활용하여 최대 절세할 수 있는 방안을 함께 고민하면서 항상 권유했던 것은 어차피 증여할 것이라면 '공시가격 발표 이전'에 서둘러 진행하라는 내용이었다. 공시가격은 매년 상승하고 있고, 이는 곧 증여취득세의 과표가 올라간다는 의미이기 때문이다.

그런데 2023년부터는 매년 얼마간 상승하는 공시가격 수준이 아니라 아예 시가인정액을 기준으로 과세한다는 것이 개정안의 내용이다. 물론 갑자기 툭 튀어나온 신고가를 내가 납부할 증여취득세의 기준으로 삼을 것이 아니라, 시가인정액의 하나인 감정평가를 활용하여 절세를 모색할 수 있다.

나는 증여 계획으로 절세 감정평가를 문의하는 손님들에게 2023년부터 적용될 '2021년 지방세입관계법률 개정안'을 먼저 설명하며 어차피 증여할 것이라면 시세의 70~80% 수준인 공시가격이 증여취득세의 과표가 되는 2022년 말까지는 증여하라고 조언하고 있다. 물론 공시가격이 오르는 내년보다는 연내에 증여하는 것이 더 절세에 유리하다. 증여취득세와는 별개로 '증여세' 또한 감정평가를 활용하여 절세하는 것이 현명하다. 즉, 증여할 때 감정평가를 필수로 고려해야 한다. 특히 상속·증여세 신고를 위해 진행한 감정평가의 수수료는 500만 원까지 필요경비로 공제되므로 활용하지 않을 이유가 없다. 수도권 소재 10억 원짜리 부동산의 감정평가 수수료는 150만 원이 되지 않아 저렴한데 비해, 절세 금액은 수천만 원, 경우에 따라 수억 원에 이른다. 개정 법률의 도입 전에 절세용 증여가 폭증할 것으로 예상된다. 증여의 시기와 감정평가 제도를 잘 활용하기를 조언한다.

로안감정평가사사무소·토지보상행정사사무소 박효정,
머니투데이, 2021. 8. 30.

제2장

감정평가 절차는 어떻게 될까?

감정평가 업무 처리 절차

다음은 일반적인 감정평가 업무 처리 절차를 시간의 순서대로 나열한 것이다. 이 절차를 거치는 데 통상 2주 정도 소요된다. 사안에 따라 더 신속하게 처리되기도 하고 처리기간이 더 늘어나기도 한다.

① 상담 → ② 의뢰 및 착수금 납부 → ③ 1차 가격 조사 → ④ 현장조사 → ⑤ 2차 가격 조사(최종 가격 작업) → ⑥ 감정평가서 작성 → ⑦ 심사 → ⑧ 결과 통보, 잔금 납부 → ⑨ 보고서 발송과 협회 전례 등록

감정평가 처리 절차

소요 기간	절차	내용
영업일 기준 5~7일 소요	간략한 전화 상담	– 의뢰 목적 및 소재지 사전 상담
	착수금 입금	– 착수금: 예상 평가 수수료의 50% 금액 – 입급계좌: ○○은행 000–00000–00000 예금주 박효정(로안감정평가사사무소)
	감정평가 의뢰서 작성	의뢰서 작성 후 보내는 곳 – 팩스: 000–000–0000 – E–mail: roan1517@kapaland.co.kr
	감정평가 접수 및 담당자 배정	– 접수 후 협회 임시전례 제출
	1차 가격 작업	– 부동산 특성 조사 – 서류 검토 – 인근 지역 표준적 가격 수준 파악
영업일 기준 7~10일 소요	현장 조사	– 담당자 현장 방문, 부동산 현황 조사 – 소유자(의뢰인)입회 시 현장 질의응답
	2차 가격 작업	– 공시지가, 감정평가전례, 실거래가 자료를 기반한 면밀한 가격산출
	보고서 작성	– 의뢰 부동산 개별적 특성을 반영한 보고서 작성
	잔금 납부	– 입금계좌: ○○은행 000–00000–0000 예금주 박효정(로안감정평가사사무소)
	감정서 발송 (우편 or 택배)	현금영수증 or 전자세금계산서 발행 시 필요서류 – 현금영수증: 휴대폰 번호 – 전자세금계산서: 사업자등록증, E–mail 주소
	협회 전례 등록	– 감정평가 결과를 전산으로 등록함

9단계로 나눈 업무처리 절차는 크게 ④ 현장조사를 기점으로 ①~③ 현장조사 전 절차 및 ⑤~⑩ 현장조사 후 절차로 구분할 수 있다. 아울러 옆에 나와 있는 '감정평가 처리 절차' 표는 이해를 돕고자 감정평가 접수 시 우리 사무소에서 의뢰인들에게 안내하는 업무처리 절차를 정리한 내용이다. 실제로 감정평가가 어떻게 이루어지는지 살짝 엿보면서 단계별로 의뢰인이 알고 있으면 혹은 준비하면 좋을 사항에 대해 살펴보자.

① 상담

세 가지 정보를 제공하라

목적, 기준시점, 소재지

감정평가의 의뢰를 받기 위해서 해당 건에 대해 간략한 상담을 진행한다. 이때 의뢰인은 감정평가사에게 딱 세 가지 정보를 제공하면 된다. 아래의 대화를 보고 그 세 가지가 무엇인지 유추해보자.

대화 1

의뢰인1: 제 부동산 좀 평가해주세요.

박평: 왜 그러시죠?

의뢰인1: 부동산을 상속받아서 곧 팔 건데, 양도소득세 많이 나올까 걱정돼요. 세무사님이 평가사님 전화번호를 주셨어요.

박평: 상속개시일이 언제죠?

의뢰인1: 네?

박평: 피상속인 사망일요.

의뢰인1: 아 가만 있자…, 아버님이… 잠깐만요, 곧 알려드릴게요.

박평: 일단 평가 받을 부동산 주소부터 먼저 알려주세요.

의뢰인1: 네.

대화 2

의뢰인2: 제 부동산 감정평가 좀 부탁드립니다.

박평: 왜 그러시죠?

의뢰인2: 매도청구소송 당했어요. 법원평가 전에 대비하라고 변호사님이 평가사님 전화번호를 주셨어요.

박평: 평가 명령으로 제시된 날짜가 언제죠?

의뢰인2: 네?

박평: 판사가 특정시점을 기준해서 평가하라고 하지 않았나요?

의뢰인2: 아, 잠깐만요… 나의 사건기록 검색 좀 하고요…

박평: 일단 평가받을 부동산 주소 좀 주세요.

의뢰인2: ○○시 ▶▶구 θθ 동 ☆☆-☆번지…

이 두 대화는 나에게 감정평가를 의뢰한 의뢰인들과의 대화로, 패턴이 아주 똑같다는 것을 알 수 있다(대화 내용은 간추려 표현했다). 자, 감정평가를 의뢰할 때 감정평가사에게 알려야 할 세

가지 정보는 무엇일까?

바로 ① 감정평가의 목적 ② 감정평가의 기준시점 ③ 해당 부동산 소재지이다. 감정평가의 제1단계는 해당 물건이 해당 목적으로 해당 시점에 감정평가가 가능한지 여부를 먼저 가늠해보는 '상담'이다. 이후 감정평가에 대한 업무계약을 하면 의뢰인은 감정평가 의뢰서를 작성(회사마다 양식이 별도로 존재)하여 송부하고 안내받은 착수금을 입금하면 된다.

감정평가 의뢰 시 대화 방법 및 순서

감정평가사에게 부동산 감정평가를 의뢰해야 하는 상황이라면 어떤 식으로 말하면 좋을까? 일단 부동산 '소재지'와 물건의 '종류'를 먼저 밝힌다. 그리고 감정평가를 받고자 하는 '목적'을 설명한다. 세 번째로는 감정평가의 '기준시점'을 말하고, 네 번째로는 기존에 감정평가를 했던 경험이 있으면 공유한다. 다섯 번째는 감정평가서의 희망 납품 기한을 알리고, 마지막으로 착수금 입금 가능 시점과 의뢰서 송부 방법을 상의하면 된다.

이렇게 총 여섯 개의 정보들을 기본적으로 말해주는 것이 의뢰인이 원하는 감정평가를 빠르고 효율적으로 받아볼 수 있는 대화법이다.

대화 예시

① 제가 감정평가 받고 싶은 물건은 서울 용산구 ○○동에 있는 아파트입니다.

② 이번에 증여를 받아서 절세목적으로 감정평가 좀 받아보려고 합니다.

③ 2개월 전에 증여 받았습니다.

④ 작년에 담보대출 받느라고 감정평가를 받은 적이 있고, 그때 평가액이 20억 원 정도 나온 걸로 알고 있습니다.

⑤ 감정평가서는 2주 내로 결과를 받아보고 싶어요.

⑥ 착수금은 오늘 오후에 ○○○ 이름으로 입금할 겁니다. 의뢰서는 제 이메일 또는 팩스, 우편 등으로 보내주시면 서명/날인해서 송부하겠습니다.

② 의뢰 및 착수금 납부

착수금의 성격을 알자

사적 감정평가의 착수금

사적 감정평과와 공적 감정평가는 의뢰 절차가 서로 다르다. 이 장에서는 개인이 감정평가를 의뢰하는 경우, 즉 사적 감정평가 시 절차를 다룰 예정이다.

'착수금'이란 사전적 의미로 '어떤 일을 시작할 때 먼저 내는 돈'을 뜻한다. 업무위임계약을 체결하면 지불하는 돈이라고 생각하면 된다. '착수금'이라는 용어는 변호사업계에서 많이 사용된다. 만약 변호사업계의 일반적인 보수구조인 '착수금+성공보수'에서 사례를 성공시키지 못하면 성공보수는 '0'이므로 착수금 이후 더 지불할 보수는 없게 된다. 물론 승소하여 성공보수를 지불하는 것이 의뢰인과 변호사 모두에게 바람직한 시나리오이다.

하지만 감정평가업자의 착수금은 그 성격이 '전체 보수의 일부를 먼저 지급'하는 것이다. 감정평가사에게는 성공보수라는 개념이 없다. 감정평가 금액이 결정되면 평가액에 따른 법정요율표를 적용하여 전체 수수료를 청구하여 추후 업무종료 후 잔금, 즉 '총 수수료-착수금'이 발생한다.

변호사업계의 경우 착수금에 대한 규정은 없다(다만, '소송비용은 피고가 부담한다'라고 판결할 경우 피고에게 청구할 수 있는 금액의 기준을 세운 변호사 보수에 관한 규정은 있다)고 한다. 감정평가의 경우는 어떨까? 감정평가업자의 보수에 관한 기준에 착수금에 관한 규정이 있다.

감정평가업자의 보수에 관한 기준

제13조(착수금) 감정평가업자는 의뢰인으로부터 대상물건의 감정평가예정액을 기준으로 하여 산출한 감정평가 수수료의 2분의 1을 착수금으로 받을 수 있으며, 출장여비 또는 특별용역비가 과다하게 소요될 것으로 예상되는 경우에는 이를 착수금에 추가하여 받을 수 있다.

정리하면, 감정평가 수수료는 감정평가액에 따라 결정되며, 그 금액을 산정할 때는 법정요율표를 적용한다. 착수금은 예상되는 감정평가 수수료의 2분의 1을 청구할 수 있다. 수도권 소재 부동산이라고 가정(출장여비 때문에)하고 평가액이 5억 원이면 감정평가 수수료는 100만 원 내외이므로 해당 부동산에 대한 착수금은 50만 원 내외를 청구하면 된다. 평가액이 10억 원이면 감정평가 수수료가 150만 원 내외이므로 역시 절반 정도를 착수금으로 청구한다.

착수금을 송금하면 정식으로 '감정평가 접수'가 이뤄지고 해당 물건에 대해 감정평가서 고유번호가 발부되며 이후 본격적인 평가 작업이 진행된다. 착수금은 업무 진행을 약정하며 지불하는 계약금과 같은 성격이 있다.

③ 1차 가격 조사

부동산 스펙 파악의 시작!

감정평가 접수 및 담당자 배정

착수금 입금이 확인되면 감정평가 접수를 시작한다. 이 과정은 사무실 내 상주하는 사무직원들이 처리한다. 감정평가 접수 시 감정평가서에 고유번호를 부여하고 평가대상 부동산 정보 및 의뢰인의 정보를 사무소 직원들이 공유하는 감정평가관리시스템에 등록한다. 이때 한국감정평가사협회에 임시전례를 제출하기도 한다. 의뢰된 물건에 대하여 감정평가가 진행되고 있음을 협회 회원들에게 알리는 효과가 있다.

우리 사무소의 경우 감정평가서의 평가목적에 따라 알파벳 대문자 순으로 구분한 후 평가 의뢰된 연월일과 해당일자에 의뢰된 순서로 고유번호를 부여한다. 예를 들어 A210106-003이라는 감정평가서는 2021년 1월 6일에 세 번째로 의뢰된 '소송' 평가 건이고, B210106-004이라는 감정평가서는 2021년 1월 6일에 네 번째로 의뢰된 '경매'평가 건이다. C210106-005는 역시 같은 날 다섯 번째로 의뢰된 '시가'평가 건이고, E210106-006는 같은 날 여섯 번째로 의뢰된 '공매'평가 건이다.

감정평가 접수 시 부동산의 유형별로 감정평가에 필요한 공적 장부를 발급한다. 건물의 경우 사무소 인근 주민센터에 건축물대장 도면(배치도, 평면도 등) 발급을 신청해놓는다. 이후 현장조사 및 감정평가의 기초자료를 세팅할 담당자를 배정하여 그 건에 대해 전산직원, 현장조사직원, 담당 감정평가사가 팀을 이루어 업무를 시작한다.

부동산 스펙 파악과 1차 가격 조사 시작

공적 장부가 모두 준비되면 각 공적 장부의 내용이 서로 일치하는지 확인해야 한다. 이후 해당 부동산의 스펙(용도지역, 지목, 면적, 도로 조건, 형상, 지세, 주구조, 사용승인일 등)을 엑셀 등 각자 활용하는 가격산출 프로그램에 정리한다. 평가대상물건의 기본적인 사항부터 확정하는 것이다. 이후 현장조사 전 1차 가격 조사를 위하여 가격 도면을 만든다. 이때 도면에는 평가대상물건인 본건과 표준지, 본건 및 인근 평가전례, 본건 및 인근 거래사례 등을 표기한다. 감정평가 정보체계를 활용하여 본건 평가전례 존재 여부를 검색하는데, 만약 본건에 이미 평가전례가 존재하면 해당 감정평가를 시행한 업체에 자료 협조를 요청한다. 인근에 소재하는 평가전례도 마찬가지이다.

정보체계에 등재된 전례는 감정평가를 시행한 회사, 평가자, 시점 등이 기재되어 있기에 협조 요청이 수월하다. 미수금 등의 특수한 사정이 없는 이상 대체로 선행 평가사는 원활히 협조해주고, 유선으로 문의하면 대부분의 경우 선행 평가 시 고려했던 특이사항 등에 대해서도 친절히 알려준다. 본건 및 본건 인근으로 존재하는 감정평가전례를 수집하고 실거래사례를 수집하여 도면에 쫙 깐다. 누군가 감정평가액을 산출하는 과정을 시각화해보라고 한다면 넓은 깔때기에 정보를 쏟아부은 후 좁은 통로를 지난 결과물이 도출되는 모습이라고 표현할 수 있다. 감정평가 이론에서는 이와 같은 과정을 '지역분석'이라고 한다.

현장조사를 가기 전에 대상지역에 대한 전체적이고 광역적이며 거시적인 분석을 선행하여 부동산의 종별에 따른 가격 수준을 검토하는 것이다. 이는 현장조사 후 국지적, 구체적, 미시적으로 대상 부동산을 파악하는 개별분석을 통해 대상 부동산의 최유효 이용 및 구체적인 가격을 판정하는 부동산 가격산출 과정의 밑거름이 된다.

④ 현장조사

이때! 의뢰인이 알아두면 좋은 Tip

현장조사에는 협조하는 것이 좋다

한 번 이루어진 감정평가는 두고두고 그 평가의 논리와 가격이 남아 있다. 감정평가를 할 때 활용하는 감정평가협회 전산프로그램(감정평가정보센터)에서 가격 검색기간의 셋팅을 100년까지 설정할 수 있다. 물론 오늘 평가하는데 100년 전 부동산의 가격을 궁금해하진 않겠지만, 3년 ~ 5년 전 가격은 검색해 볼 수 있다. 아무튼 한 번 평가한 내역이 거의 영원히 남는다고 해도 과언이 아니다.

그렇다면 감정평가가 한 번 이루어질 때 제대로 받는 것이 좋다. 따라서 감정평가 현장조사에는 협조하는 것이 좋다. 감정평가업무를 배정받은 담당 평가사는 현장을 준비한다. 정식으로 감정평가가 접수된 후 해당 부동산과 인근 지역에 대한 1차 조사를 시행하면서 현장에서 확인해야 할 내역을 점검하고 의뢰인과 현장조사 일정을 조율한다. 그런데 대상물건이 건물, 구분건물(1동의 건물을 구분하여 각 부분을 별개의 부동산으로 소유하는 형태의 건물을 말한다) 등으로 내부 확인이 필요한데, 의뢰인이 업무 등 기타 사유로 현장조사에 참여하지는 못하는 경우가 있다. 이때는 건물 내부를 확인하고 사진촬영 등을 할 수 있도록 소유자가 세입자 등에게 협조를 요청해주면 좋다.

내부 확인 협조가 안 되는 경우 감정평가사가 무단침입을 할 수는 없으므로 외부 관찰에 근거한 평가가 진행된다. 갑자기 나타나서 남의 부동산 주변을 어슬렁거리는 감정평가사는 수상한 사람으로 보인다. 따라서 소유자가 입회하지 못하는 경우에는 세입자 등에게 감정평가 현장조사가 실시된다는 사실을 알려놓아야 감정인이 "거 누군데 사진 찍고 그러쇼!" 하는 핀잔 들을 일 없이 일에만 집중할 수 있다.

의뢰인이 미리 준비하면 좋은 자료들

감정평가사에게 어떤 자료를 준비해주면 제대로 평가받는 데 도움이 될까? 토지에 대해서는 구체적인 가격 근거를 갖는 '감정의견서'를 작성하여 제시하면 좋다. 이 장에서는 보다 간단한 건물, 구분건물에 대해 준비하면 좋은 자료를 살펴보겠다.

1. 건축물대장 현황도

의뢰인이 건물이 있는 경우 감정인은 내·외부조사를 하며 공적 장부상 등재된 내역과 실제 이용상황이 일치하는지 여부를 파악한다. 이때 사용승인을 받은 건물의 도면이 필요한데, 이 도면을 '건축물대장현황도'라고 한다. 인근 주민센터, 구청, 시청 등에 '소유자가 방문'하면 발급받을 수 있다. 감정인이 준비할 수도 있지만, 그러려면 의뢰인의 서명/날인이 들어간 감정평가 의뢰서와 신분증 사본을 첨부해야 하고, 특히 신분증 사본을 감정인에게 보내는 것을 꺼리는 분들이 많다.

당장 나만 해도 모르는 사람에게 신분증 사본을 보낸다는 게 아주 불편하다. 받는 사람 입장도 괜히 좀 그렇다. 그래서 나의 경우는 주로 의뢰인들에게 도면을 준비해달라고 요청한다. 이때 의뢰인들은 감정인을 만나기 전에 자신이 소유한 건물의 도면과 현재의 이용상황을 꼼꼼히 비교해보고 특이사항에 대해서는 의견을 제시해주는 것이 좋다. 1990년대 이전 건물은 주민센터 등에 도면이 미등록된 경우가 많다. 도면이 없으면 감정인이 항공사진 및 현장에서 개략적으로 측량한 내용을 바탕으로 도면을 그리기도 하고 의뢰인이 리모델링 또는 신축 당시 설계도면 등을 제출한 것으로 조사를 하기도 한다.

2. 건물 리모델링 등 보수내역 있는 경우 관련 자료

건물소유자들이 반드시 알아야 할 건물평가금액을 올리는 방법이 있다. 바로 감정평가사에게 '자본적 지출 증빙자료를 제출'하고 건물 개량 현황을 꼼꼼히 안내하는 것이다. '자본적 지출'이란 건물을 소유, 사용할 때 수반되는 통상의 유지, 보수, 관리비용 등 소비적(수익적) 지출을 초과하여 건물의 가치를 증대시키고 내용연수를 늘리는 종류의 지출을 말한다.

예를 들면 20억 원에 구매한 상가(근린생활시설)건물에 대수선 허가를 받고 3억 원을 들여 엘리베이터 시공을 통해 현대식 상가로 개량한 경우, 3억 원 부분이 자본적 지출이 될 것이며 이 건물을 '원가적 측면'에서 볼 때 적어도 23억 원의 가치가 있을 테니 응당 감정평가 시 고려해줄 것을 요청(3억 원의 공사비 지출이 표준적인 경우에 한한다)하는 것이다.

한편, 자본적 지출을 통해 개량된 부동산은 그 내용(사용)연수도 연장된다. 이때 건물 감정평가의 감가 방법 중에 '관찰감가(부동산의 각 부분을 관찰하고 실태를 조사하여 물리적 · 기능적 · 경제적 감가 요인을 파악한 다음, 이를 바탕으로 감가액을 산출하는 것)'라는 것이 적용될 수 있다. 따라서 리모델링, 고급 인테리어, 엘리베이터 설치 등 건물의 가치를 증대시키기 위한 특별한 지출이 있었다면, 공사비 지불내역, 도급계약서, 세금계산서, 현금영수증 등을 감정평가사에게 정리하여 제출하자.

3. 임대차계약서 사본 등 수익발생자료

수익이 잘 발생하고 있는 부동산이라면 임대차계약서를 준비해서 임대료 수익 등이 가치에 반영될 수 있도록 하는 것이 좋다. 부동산의 가치는 비용성(원가 측면), 시장성(거래 측면), 수익성(수익 측면)의 3면성이 결합된 결과이다.

감정평가 시 부동산의 종류와 특성에 따른 평가방식과 방법(이른바 3방식 6방법)이 있긴 하지만, 주방식 외의 부방식도 필요한 경우 적절히 고려해야 하기 때문에 의뢰인이 감정평가사에게 임대료 수익을 입증할 수 있는 자료를 준비해주면 좋다. 다만, 원가적인 가치가 수익가치를 상회할 경우 월세 등 수익에 대한 자료는 오히려 가격을 낮춰야 할 유인이 되는 불리한 자료가 될 수 있다. 따라서 임대료 수익 자료를제출하는 것이 과연 유리할지 여부는 또 다른 감정평가 전문가와 미리 상의를 해보는 것이 현명하다.

■ 주방식과 부방식

	주방식(주된 감정평가 방법)	부방식(다른 감정평가 방법)
토지	공시지가기준법	원가법, 거래사례비교법, 수익환원법
건물	원가법	거래사례비교법, 수익환원법
구분건물	거래사례비교법	원가법, 수익환원법

⑤ 2차 가격 조사
시뮬레이션과 가격 협의

사무실로 복귀하여 제일 먼저 하는 일

현장조사를 마치고 사무실로 복귀한 현장조사자는 먼저 촬영해온 사진을 정리하기 시작한다. 아무리 항공도면, 포털 사이트의 로드뷰가 잘 되어 있다고는 하지만 현장조사를 통해서만 확인할 수 있는 내용들이 있다. 사진은 바로 대상 부동산의 현재 이용상황을 가장 명백히 입증하는 자료가 된다. 또한 철거가 예정된 보상 예정지역에서는 감정평가적으로 유의미한 해당 부동산의 마지막 모습을 담는 것이기도 하다.

본건 전경, 본건의 도로 접면 상황, 인접지와 경계 상황, 본건의 내부 이용상황(층별), 주변 환경 등을 충분히 촬영해온 사진들을 정리한다. 그리고 현장에서 파악한 내용을 바탕으로 지적 및 건물개황도(건물이 토지 위에 올라와 있는 상태, 개략적인 모양을 표현한 도면), 호별배치도, 내부구조도 등을 정리하여 도면 작업 담당자에게 넘긴다. 타인점유(타인이 소유하는 부동산을 점유하는 경우로서 점유권원의 유무, 점용료 지불여부 등 권리의 내용에 따라 정상평가하거나 감액) 또는 제시외 건물(경매대상인 토지 위에 있는 경매대상이 아닌 건물로, 창고, 옥탑방, 보일러실, 옥외화장실 등이다)이 있는 경우 그 위치를 도면에 표기해주고 공적 장부와 현황이 불일치하는 경우 등 조사내용을 정리한다.

평가 시뮬레이션과 가격 협의

현장조사를 할 때는 대상 부동산 그 자체를 조사할 뿐만 아니라 감정평가에 활용할 표준지, 평가전례, 거래사례 등의 현황을 조사하고 결정한다. 사무실로 복귀한 현장조사자는 대상 부동산의 상황에 맞는 개략적인 감정평가 시뮬레이션을 만든다. 대상 부동산이 속한 인근 지역의 가격 수준이 표기된 가격 도면과 대상 부동산의 구체적인 가격 산정을 위한 개략적인 시뮬레이션을 갖고 가격 협의를 한다.

가격 협의는 현장조사자, 담당평가사, 심사평가사가 현장조사의 내용 및 조사된 가격의 내용을 바탕으로 해당 평가에 적용되는 주요 논리 및 적정한 평가액의 수준을 상의하는 것이다. 현장조사를 마친 후에 하는 정밀한 가격 작업은 담당자가 현장조사 전에 예상했던 수준과 차이가 날 수 있다. 이 단계에서 담당자는 자신이 조사해왔던 내용을 풀어놓으며 여러 가지 고민되는 사항을 상의하게 된다. 감정평가서를 단독으로 작성하여 발행하지 않는 이상 심사자와 가격 협의의 과정을 거치게 된다.

정식 회의가 아니더라도 식사하면서, 커피 한 잔 하면서, 업무 중 잠깐 잡담하면서 아니면 일 끝나고 맥주 한 잔 마시면서 담당자는 심사자에게 자신의 평가대상물건에 대한 고민을 나누고, 조언을 구하면서 한편으로는 현재 내가 이러한 평가를 하고 있다는 홍보를 지속한다. 가격 협의의 과정에서 주요하게 고려하는 요인 중 하나는 인근 지역의 평가전례, 거래사례의 가격 수준이다. 따라서 해당 평가의 목적과 상황에 맞는 가격자료를 잘 수집하는 것이 중요하다. 물론 수집할 가격자료가 없거나 방해만 되는 가격자료만 존재한다면 대략 난감하다. 나 역시 평가전례 등 자료 부족으로 심사받기가 까다로울 것으로 예상되는 물건들은 업무 초기 단계에서부터 무사히 가격 협의를 넘기기 위해 심사위원 평가사들에게 열심히 업무 내용을 광고했었다.

⑥ 감정평가서 작성

법령에 따라

평가 대상에 따라 감정평가 방식이 다르다

감정평가서는 「감정평가 및 감정평가사에 관한 법률(약칭: 감정평가법)」 제6조 및 감정평가에 관한 규칙 제13조, 감정평가실무기준 등 관련 법령을 기준으로 작성하게 된다. 평가 대상이 무엇인가에 따라 감정평가 방식과 방법이 달리 적용된다. 크게 분류하면 토지는 공시지가기준법, 건물은 원가법, 구분건물은 일체거래사례비교법으로 감정평가를 한다. 이때 감정평가서는 각 평가방법의 구성요소에 따라 다른 구조로 작성된다. 큰 흐름을 보는 차원에서 경매, 담보, 시가감정 등 일반적인 감정평가 시 적용되는 규정을 첨부하니 참고하기 바란다. 보상평가는 별도의 규정이 있다.

토지 감정평가: 공시지가기준법으로

토지의 감정평가는 감정평가에 관한 규칙 제14조에서 규정하는 바와 같이 공시지가기준법을 적용한다. '공시지가기준법'이란 「감정평가 및 감정평가사에 관한 법률」(이하 "법"이라 한다) 제3조 제1항 본문에 따라 감정평가의 대상이 된 토지(이하 대상 토지)와 가치형성요인이 같거나, 비슷하여 유사한 이용가치를 지닌다고 인정되는 표준지(이하 비교표준지)의 공시지가를 기준으로 대상토지의 현황에 맞게 시점 수정, 지역요인 및 개별요인 비교 그 밖의 요인의 보정(補正)을 거쳐 대상 토지의 가액을 산정하는 감정평가방법을 말한다(감정평가에 관한 규칙 제2조 제9호).

감정평가에 관한 규칙 제14조

제14조(토지의 감정평가)

① 감정평가업자는 법 제3조 제1항 본문에 따라 토지를 감정평가할 때에는 공시지가기준법을 적용하여야 한다. 〈개정 2016. 8. 31.〉

② 감정평가업자는 공시지가기준법에 따라 토지를 감정평가할 때에 다음 각 호의 순서에 따라야 한다. 〈개정 2013. 3. 23., 2015. 12. 14., 2016. 8. 31.〉

1. 비교표준지 선정: 인근 지역에 있는 표준지 중에서 대상토지와 용도지역 · 이용상황 · 주변환경 등이 같거나 비슷한 표준지를 선정

할 것. 다만, 인근 지역에 적절한 표준지가 없는 경우에는 인근 지역과 유사한 지역적 특성을 갖는 동일수급권 안의 유사지역에 있는 표준지를 선정할 수 있다.

2. 시점수정: 「국토의 계획 및 이용에 관한 법률」 제125조에 따라 국토교통부장관이 조사 · 발표하는 비교표준지가 있는 시 · 군 · 구의 같은 용도지역 지가변동률을 적용할 것. 다만, 다음 각 목의 경우에는 그러하지 아니하다.

가. 같은 용도지역의 지가변동률을 적용하는 것이 불가능하거나 적절하지 아니하다고 판단되는 경우에는 공법상 제한이 같거나 비슷한 용도지역의 지가변동률, 이용상황별 지가변동률 또는 해당 시 · 군 · 구의 평균지가변동률을 적용할 것.

나. 지가변동률을 적용하는 것이 불가능하거나 적절하지 아니한 경우에는 「한국은행법」 제86조에 따라 한국은행이 조사 · 발표하는 생산자물가지수에 따라 산정된 생산자물가상승률을 적용할 것.

3. 지역요인 비교

4. 개별요인 비교

5. 그 밖의 요인 보정: 대상토지의 인근 지역 또는 동일수급권내 유사지역의 가치형성요인이 유사한 정상적인 거래사례 또는 평가사례 등을 고려할 것

③ 감정평가업자는 법 제3조 제1항 단서에 따라 적정한 실거래가를 기준으로 토지를 감정평가할 때에는 거래사례비교법을 적용하여

야 한다. 〈신설 2016. 8. 31.〉

④ 감정평가업자는 법 제3조 제2항에 따라 토지를 감정평가할 때에는 제1항부터 제3항까지의 규정을 적용하되, 해당 토지의 임대료, 조성비용 등을 고려하여 감정평가할 수 있다. 〈신설 2016. 8. 31.〉

건물의 감정평가: 원가법으로

건물의 감정평가는 감정평가에 관한 규칙 제15조에서 규정하는 바와 같이 원가법을 적용한다. '원가법'이란 대상물건의 재조달원가에 감가수정(減價修正)을 하여 대상물건의 가액을 산정하는 감정평가방법을 말한다(감정평가에 관한 규칙 제2조 제5호).

'감가수정'이란 대상물건에 대한 재조달원가를 감액해야 할 요인이 있는 경우에 물리적 감가, 기능적 감가 또는 경제적 감가 등을 고려하여 그에 해당하는 금액을 재조달원가에서 공제하여 기준시점에서의 대상물건의 가액을 적정화하는 작업을 말한다(감정평가에 관한 규칙 제2조 제12호).

감정평가에 관한 규칙 제15조

제15조(건물의 감정평가)

① 감정평가업자는 건물을 감정평가할 때에 원가법을 적용하여야 한다.

② 삭제 〈2016. 8. 31.〉

구분건물의 감정평가: (일체)거래사례비교법으로

감정평가에 관한 규칙 제16조에서 규정하는 바와 같이 구분건물은 건물부분과 대지사용권을 일괄하여 거래사례비교법을 적용한다. '거래사례비교법'이란 대상물건과 가치형성요인이 같거나 비슷한 물건의 거래사례와 비교하여 대상물건의 현황에 맞게 사정보정(事情補正), 시점수정, 가치형성요인 비교 등의 과정을 거쳐 대상물건의 가액을 산정하는 감정평가방법을 말한다(감정평가에 관한 규칙 제2조 제7호).

감정평가에 관한 규칙 제16조

제16조(토지와 건물의 일괄감정평가)

감정평가업자는 「집합건물의 소유 및 관리에 관한 법률」에 따른 구분소유권의 대상이 되는 건물부분과 그 대지사용권을 일괄하여 감정평가하는 경우 등 제7조 제2항에 따라 토지와 건물을 일괄하여 감정평가할 때에는 거래사례비교법을 적용하여야 한다. 이 경우 감정평가액은 합리적인 기준에 따라 토지가액과 건물가액으로 구분하여 표시할 수 있다.

⑦ 심사

티격태격

평가사와 심사자의 충돌

작성된 감정평가서 초안을 심사위원(심사자)에게 올리는데 감정평가서를 세부적으로 검토하는 과정에서 종종 담당 평가사와 심사자의 의견이 충돌한다. 단순한 오기, 오산 또는 쉽게 수정이 가능한 산출과정의 오류 정도가 아니라 해당 건 감정평가의 기초가 되는 논리에 대한 이견이나 산정된 평가액이 부적절하다는 의견이 나오는 경우 문제가 심각해진다. 가격 협의 단계를 거쳤다고 하더라도 1부터 10까지 아주 세세하게 모든 것을 다 협의하지 않기 때문에 보고서 초안을 올린 본 심사에서 이른바 물을 먹는 경우가 발생하는 것이다.

이때 논리적, 감정평가에 관한 관계법령에 비춰볼 때 하자가 없고 가격적으로도 허용 가능한 범위 내라고 확신하는 담당 평가사는 심사자에게 용맹하게 맞선다. 싸우기도 하고 부탁도 해보고 빌어도 보며 아무튼 그(그녀)를 설득하기 위해 갖은 노력을 다 한다. 그러나 그 과정에서 오히려 본인이 설득되어 논리나 가격을 조정하는 경우도 많다.

심사자는 시비 거는 것을 본업으로 삼는 사람이 아니다. 본인도 평가사이고 심사하는 평가서 초안이 어떠한 고단한 과정을 거쳐서 작성되었는지 다 알고 있는 사람이다. 그걸 엎어버리는 데는 많은 고민이 필요하다. 따라서 가격 구성의 논리상 아주 중대한 하자가 있다고 판단되거나 산정된 가격의 합리성에 강한 의구심이 들 때 심사를 거부한다.

제발 심사 좀 내주세요!

사실 내 감정평가서의 심사자로서 보고서의 오류 여부를 검토하고 서명까지 해주는 심사자는 고마운 사람이다. 그래도 심사에서 까이면 당장에 원망스러운 마음이 드는 것은 어쩔 수가 없다. 납품기한이 정해진 업무에서 야근 확정과 감정평가서를 다시 작성하는 수고로움 따윈 견딜 수 있다. 그러나 금융기관에서 의뢰된 담보 목적의 감정평가 등 감정평가액에 따라 대출 실행 여부가 결정되는 경우엔 골치가 아파진다. 거래처와의 관계가 악화될 것을 각오해야 하기 때문이다. 그래도 오류 있는 감정평가서를 발행하여 책임지지 못하는 상황에 처하는 것보다 심사에서 거부되는 것이 대체로 안전하다.

감정평가 대상물건의 종류, 평가액, 평가의 목적에 따라 평가회사 내부 심사로 평가서 발행이 가능한 경우도 있고 필수적으로 한국감정평가사협회의 심사를 거쳐야 하는 경우도 있다. 이렇듯 심사는 담당평가사가 감정평가서를 정상적으로 발행하기 위해 넘어야 하는 큰 산이다.

⑧ 결과 통보, 잔금 납부

저도 서운해요

그것밖에 안 나왔어요?

우여곡절을 거쳐 심사자(또는 한국감정평가사협회의 심사필증)의 서명을 받은 담당 평가사는 '휴, 다행이다'라는 생각을 하며 긴장이 풀린다. 부동산 감정평가는 쉬운 일이 아니다. 확인해야 할 것도 많고 평가의 각 과정에서 결정해야 할 것도 많아서 고민도 많다. 그래서 내가 작성한 감정평가서가 공식적으로 승인이 나면 안도감이 든다. 감정평가의 접수부터 심사까지의 길고 긴 여정을 지나 마침내 최종 결과물을 탄생시킨 담당 평가사가 기쁜 마음으로 의뢰인에게 연락을 해서 감정평가액을 알린다. 그리고 이 말을 듣는다. "그것밖에 안 나왔어요?"

그것밖에 안 나왔냐는 말로 끝나지 않는다. 그 말 이후에 '실망이다', '서운하다', '적어도 ○○○○는 나올 줄 알았다' 등의 공격을 연속으로 받아내는 감정평가사는 갑자기 너무 허탈해진다. 소위 말하는 현타가 온다. "동네 김 씨도 최소 얼마는 나올 거라고 하던데!"라는 말 따위는 듣기에도 너무 지쳐서 '그럼 그 아저씨한테 감정평가서 만들어 달라고 하세요!'라는 대꾸도 안 나온다.

이 가격이 인근 지역 일대에서 최고 평가액인데 '그것밖에 안 나왔냐니!' 이 가격을 심사에서 관철시키느라 얼마나 x고생을 했는데 '그것밖에 안 나왔냐니!' 받쳐주는 평가전례도 하나 없는데 힘들게 발굴하듯이 가격 만들어놨더니만 그것밖에 안 나왔냐는 그 말, 정말 듣는 감정인을 미치도록 서운하게 만드는 말이다.

잔금 납부 안내

감정평가액은 그것밖에 안 나왔냐는데 잔금은 왜 이렇게 많이 나오냐고 타박하는 의뢰인의 볼멘소리를 듣고 있노라면 이 업무를 그냥 반려(이대로 종결)하고 싶다는 생각이 든다. 여태까지 이 감정평가서를 발행하기 위해 노력했던 그 모든 것이 수포로 돌아가는 느낌이랄까. 어떻게 보고서 작성에서부터 끝까지 내 편 하나 없단 말인가. 당신만이라도 내 편을 들어야지, 아니 어떻게 그런 반응을 보이는가 말이다.

나는 이 감정평가서를 보내고 나면 해당 부동산에 평가전례를 창조한 사람이 된다. 그 말인즉슨 앞으로 후발주자 감정인에게 해당 평가와 관련된 브리핑을 하게 되거나 자료요청에 응대하는 등 지속적인 관리를 해야 하는데 솔직히 정이 확 떨어진다. 아니, 평가 수수료는 평가액에 연동된 법정 수수료인데 평가액은 적은데 잔금이 많다는 것이 어떻게 성립된단 말인가.

그러나 마음속으로 기대했던 만큼 감정평가액이 나오지 않아 서운함을 내비치는 경우라도 대부분의 의뢰인은 잔금으로 감정인에게 시비를 걸거나 괴롭히진 않는다. 법정 수수료라는 것을 인지하고 의뢰했기 때문이다. 다만 나는 운이 좋은 편인지 다행히 열심히 일한 만큼 서로 좋게 웃으며 정당한 보수를 청구하고 받는 경우가 훨씬 더 많다.

⑨ 보고서 발송과 협회 전례 등록

평가전례로 태어나다

감정평가사업은 현금영수증 의무 발행 업종

감정평가사는 안내된 잔금이 입금되면 감정평가서 표지에 발송일자를 찍어서 의뢰인에게 보고서를 발송한다. 의뢰인이 요청하는 주소지로 감정인의 서명·날인이 된 감정평가서를 우편 또는 이메일이나 팩스로 전송 한다.

감정평가 수수료에 대해서는 현금영수증이나 전자세금계산서를 발행해야 한다. 이따금씩 계산서를 안 끊어줘도 되니 부가가치세를 빼달라는 요청을 받는 경우가 있는데, 감정평가업은 현금영수증 의무 발행 업종이다. 의뢰인이 필요 없다고 해도 우리가 현금영수증을 반드시 발행해야 한다.

평가전례의 탄생

감정평가서를 발송한 후에는 해당 물건의 감정평가내역을 한국감정평가사협회에 등록한다. 이후 협회원들에게만 공개되는 감정평가 데이터베이스 프로그램에 반영되고, 물건 소재지, 평가목적, 평가시점, 평가액, 평가자 등의 정보가 협회원에게 공개된다. 평가전례로 태어나는 것이다. 평가전례로 등록된 감정평가내역은 나중에 해당 부동산 또는 그 인근 부동산을 평가하기 위해 가격 수준을 검토하는 다른 평가자의 참고자료가 된다. 그동안 감정평가업을 하며 내가 만들어온 평가전례도 수천 개는 될 것이다. 어떤 부동산의 가격 검토를 위해 검색한 평가전례를 열어보면 내 전례가 기재되어 있거나 직접 가격 산정의 근거로 활용된 경우도 종종 본다.

이제까지 감정평가서가 탄생하는 과정을 살펴봤다. 상담에서부터 시작하여 수많은 단계와 협의, 조사, 연구와 고민의 집합에서 만들어진 하나의 감정평가서가 세상 밖으로 나간다. 정식으로 감정평가가 진행되면 그 부동산에 대해 가장 깊은 연구와 고민을 하는 사람은 바로 담당 감정평가사일 것이다. 그렇기에 나 역시 감정평가를 하며 참고하는 전례의 주인인 평가사님에게 평가전례와 해당 물건에 대해 열심히 문의하는 편이다. 검토 단계에서 해당 부동산에 대해 가장 많은 조사와 고민을 했을 전문가에게 깨알 같은 조언과 정보를 들을 수 있는 확실한 방법이기 때문이다.

반대로 나에게 전례에 대한 문의가 오면 미수금 사안 등의 사정이 없는 한 열심히 협조한다. 더불어 그 평가와 관련된 배경과 여담도 깨알같이 늘어놓는다. 감정평가 관련 법령의 여러 곳에서 평가전례를 활용한 평가기법을 규정하고 있는데, 전례의 주인인 평가사의 견해가 해당 전례를 연구하는 데 큰 도움이 되는 것을 알고 있기 때문이다.

제3장

감정평가사, 그들은 누구인가?

(소송에서 판사 및 변호사와 같은 존재)

내 부동산에 소송이 걸렸다

소송이라고 표현했지만 부동산 분쟁은 도처에 널려 있다. 이런 현실과 달리 안타깝게도 우리 사회에는 아직 보상금(현금청산), 재산 분할 등 부동산 감정평가와 관련된 분쟁이 발생했을 때 전문 감정평가사를 찾는 문화가 없다. 전문 감정평가사에게 잠깐만 상담을 받으면 바로 실마리가 풀리는 일이다. 그러나 감정평가 전문가를 찾아가야 한다는 생각 그 자체가 아주 생소한 것이 현실이다.

명의가 깨우쳐준 것

독서실에 콕 박혀 보낸 3년의 수험생활을 거쳐 감정평가사 자격시험에 합격했다. 그 후 10년 이상 서류, 지도, 컴퓨터 작업을 통해 업무를 하고 있다. 운전할 일도 매우 많은 직업이다. 그렇게 공부하고 일하면서 나의 척추는 휘어져갔다. 학생 시절부터 좋지 않았던 목, 어깨, 허리 등이 세월이 흐를수록 아파온 것이다. 컴퓨터로 모든 작업을 하는 요즘 같은 시대에 많은 직장인이 거북목증후군, 근막통증증후군 등의 통증을 달고 살 것 같다.

작년에 대구 출장을 갔을 때 일이다. 2박 3일 동안 현장조사를 하는데 이틀을 밖에서 잠을 자려니 허리가 아파서 고생스러웠다(침구에 상당히 예민하다). 현장조사 중에 의뢰인 대표자 몇 분과 식사를 했는데, 내가 뒷목을 쥐고 멍 때리고 있자 "평가사님, 어디 아프세요?"라고 물었다. 친하게 지내는 의뢰인들이라 편하게 "아이고…. 어깨도 아프고 목도 아프고 죽겠네요"라고 앓는 소리를 했다. 그러자 그 분야(?)에 유명한 명의가 있으니 같이 가자고 하시길래 좋다고 했다. 의뢰인들은 다음날 내가 지내던 숙소 앞으로 나를 데리러 오셨다.

차로 30여 분을 달려 찾아간 곳에서 나는 어깨와 등 뭉침을 잘 치료해준다는 분에게 매우 획기적인 치료를 받아보게 되었다. 치료는 정말 효과적이었다. 담 걸린 듯 뻐근했던 목이 휙휙 돌아가며 정신까지 또렷해졌다. 명의는 3일에 한 번씩 앞으로 5번을 더 와서 치료하면 상태가 많이 호전될 것이라고 했다. 편도 3시간 30분이 걸리는 대구를 3일에 한 번씩 앞으로 5번을 더 가서 치료를 받을까 막 고민이 되었다. 한결 가벼워진 어깨 덕에 밝은 얼굴로 나서며 "감사합니다, 선생님! 정말 최고예요!"라고 하는 나에게 그분이 던진 말씀이 충격적이었다.

"고맙긴 뭐가 고맙나, 내 몸은 내가 치료하는 것인데. 자기 몸은 자기가 치료하는 거예요. 의사가 치료해주는 줄 알았죠? 의사는 도와줄 뿐이에요. 보세요, 오늘 본인이 시간 내서 여기에 왔죠? 그러니까 치료를 받고 나갈 수 있는 것이에요. 안 왔어봐요. 내가 아무리 여기서 사람들을 잘 치료해도 아가씨(아이 좋아라)한테는 아무 소용이 없었을 거예요. 그러니까 본인 몸 열심히 치료하세요. 치료는 본인이 하는 것입니다."

내 부동산도 내가 알아서 지켜내야 된다

나는 명의의 '내 몸 내 치료' 이론을 듣고 한 대 얻어맞은 기분이었다. 내가 의뢰인들에게 늘 하는 소리였기 때문이다. 왜 전문 감정평가사를 안 찾는지 답답해 하는 나였다. 본인 부동산을 누군가가 생업을 내팽개치고 나서서 지켜주지 않기 때문에 본인이 나서서 지켜야 한다고 잔소리하던 나였다. 명의는 내가 의뢰인들에게 하던 조언과 똑같은 조언을 내게 한 것이다. 우리 둘이 각자 다른 언어로 했던 똑같은 말은 결국 "찾아서", "간다"가 핵심이다.

몸이 아플 때
나는 전문의를 "찾아서" 치료를 하러 "간다" → 명의가 치료를 잘 해줌(치료비 지급)
부동산 분쟁이 있을 때
나는 전문 감정평가사를 "찾아서" 상담을 하러 "간다" → 전문 감정평가사가 해결 방안 또는 전략을 제시함(상담료 또는 업무보수 지급)

결국 '내'가 하는 것이다. 아직 고칠 수 있을 때 내가 명의를 찾아서 내가 열심히 치료를 받는 것이다. 몸이 낫는다는 데 치료비가 대수랴, 건강을 잃으면 다 소용이 없다. 가격 분쟁에 휩쓸린 내 부동산을 지키려면 실력 있는 감정평가사를 찾아야 하고 상담도 받아야 한다. 그러려면 돈도 좀 들고 하는 것인데, 대부분의 사람들이 그걸 안 한다.

왜 감정평가사를 찾지 않을까?

아프면 의사를 찾아간다. 세금 문제가 있으면 세무사를 찾아가고 소송이 붙으면 변호사를 찾아간다. 찾아갈 의사, 세무사, 변호사를 결정하기 위해서 전문 분야별로 열심히 검색도 한다.

아프면 병원에 가서 주사 맞고 약을 처방 받아서 복용해야 낫는다. 간단히 해결되는 문제이다. 초기에 빨리 치료받으면 될 일을 방치했다가 아파서 고생하고 병이 깊어지는 경우도 많다. 뒤늦게 치료하려고 하면 초기에 치료받았을 경우보다 완치하는 데 더 많은 시간이 걸린다. 소장을 받으면 변호사를 찾아간다. 왜? 소송에서 재판장이 나에게 유리한 판결을 해주도록 열심히 변론해야 하니까. 전문 변호사를 찾아 나를 위해 싸울 대리인으로 선임한다. 소송이 걸리면 당연히 변호사의 조력이 필요하다는 것은 중학생도 알고 있다.

그런데 부동산 감정평가 문제가 발생하면 어떠한가? 내가 만나본 대부분의 사람은 수동적으로 감정평가를 받고만 있었다. 자기 재산이고, 가액이 수억 원, 수십억 원 때로는 수백억 원을 넘는데도 멍하니 감정평가를 당하고만 있었다. 전문 감정평가사를 찾지 않는다. 물론 부동산 감정평가 분쟁에 감정평가사를 찾아가야 하는 것을 아는 사람이 많지 않은 것도 사실이다. 하지만 감정평가사를 찾아야 한다는 것을 알고 있는데도 부동산 지키기에 나서지 않는다면, 병을 알면서도 방치하고 키우는 것이다. 그에 따르는 결과는 자기가 책임져야 한다.

감정평가사의 조력은 선택사항이 아니라 필수

부동산 감정평가의 전문가는 변호사도, 행정사도, 법무사도, 세무사도 아니다. 부동산 가액이 문제되는 재판에서 판결을 내리는 판사도 부동산 감정평가의 전문가가 아니다. 부동산 감정평가의 전문가는 감정평가사이다. 따라서 감정평가와 관련된 문제가 발생하면 감정평가사를 찾아가야 한다. 이 세상의 모든 일에 전문가가 존재한다. 그들에게 업무를 맡겨야 일이 쉽게, 올바른 방향으로, 안전하게 해결된다. 특히 고도의 전문 분야일수록 DIY(Do It Yourself)가 통하지 않는다.

보상, 매도청구소송, 재산(공유물)분할소송, 부당이득반환청구소송 등 감정평가액으로 주고받을 돈이 결정되는 사안이 발생한다면 줄 돈은 덜 주고, 받을 돈은 더 받을 준비를 하는 것이 합리적이다. 나의 상황에 유리한 방향으로 감정평가를 잘 받을 준비를 해야 된다. 아프면 의사에게 가고, 소장을 받으면 변호사에게 가는 것이 당연하듯이 감정평가 이슈가 발생하면 내가 먼저 나서서 감정평가사를 찾는 것이 당연한 것이다. 가만히 수동적으로 감정평가를 받은 후에 '어라, 이게 뭐지?' 하고 다툼을 시작하면 늦어도 한참 늦는다.

잊지 말자. 감정평가액과 관련된 일이 발생한다면, 발생할 것 같다면 나를 도와줄 전문 감정인에게 상담부터 해야 한다. 변호사를 선임하지 말라는 것이 아니다. 변호사'만' 선임해놓고 법률 전문가인 변호사에게 감정평가사만큼 감정평가를 알고 대응할 것을 기대하면 안 된다는 것이다. 변호사에게도, 감정평가사에게도 그리고 중간에 세금문제가 나오면 세무사에게도 각각 별도로 조언을 받아야 한다는 것이다.

일을 해결할 수 있을 때 전문가를 찾아야 한다. 너무 늦으면 제 아무리 잘난 전문가도 해결할 도리가 없다. 내가 내 몸을 끌고 명의를 찾아가면 명의가 알아서 치료해준다. 내가 할 일은 그를 찾아서 병원을 가는 것이다. 부동산 분쟁 역시 내가 해결하는 것이다. 아무리 일 잘하는 감정평가사가 이 세상 어딘가에 있더라도 나를 위해 일해주지 않으면 아무 소용이 없다.

내 돈 들여 내가 하는 부동산 감정평가

"평가사님, 제가 개인적으로 감정평가사를 고용해서 제 부동산을 평가해봐도 되나요?"

감정평가로 부동산의 가격을 결정해 분쟁이 날 때 위와 같은 질문을 아주 많이 받는다. 일반적으로 감정평가를 앞둔 사람들 혹은 상대가 먼저 그들의 부동산에 대해 감정평가를 진행해버린 경우에서 그 가격에 불복한 사람들이 이런 질문들을 해온다.

내가 내 부동산을 감정평가 해봐도 되나요?

수용, 소송 등에서는 부동산을 사는 사람과 파는 사람 간의 협상이나 조율의 과정이 전부 배제된 채 누군가가 내 부동산의 가격을 정해버리고 그 금액으로 소유권이 이전되어버리는 경우 권리 변동이 발생한다. 이 과정은 당해보면 매우 강압적이고 무섭다.

감정평가라는 분야가 생소한 것은 개인의 사정일 뿐이고 현실에서 감정평가는 다양한 개발사업에서 절차에 따라 수도 없이 이루어지고 있다. 부동산 소유자는 내 부동산에 책정된 값을 통지받고 인정할 수 없는 경우, 즉 일단 일이 벌어지고 나서 어떻게 된 일인지 알아보기 시작한다.

이때 사업시행자(금액 통지의 주체)는 이미 감정평가 금액이 결정되었기 때문에 자신들도 어쩔 수 없다고 답변한다. 자신이 불만을 품은 그 금액이 감정평가액이라는 것을 알게 된 후에는 더욱 혼란스럽다. 뭔가 억울한데 감정평가라는 것이 왠지 정부나 금융기관에서만 할 수 있는 것 같고 왠지 사업시행자만 할 수 있는 것 같아서 말이다. 이때 "내 돈 내 감정(내 돈 주고 내가 내 부동산 감정평가 해봐도 되나)?"과 같은 질문이 나오게 된다. 내가 내 재산의 가치를 알아보려고 감정평가사에게 의뢰를 하는 것이 무엇이 문제인가? 누가 뭐라고 한들 신경 쓸 것도 없다. 감정평가 금액이 낮게 나오면 손해를 보는 것은 결국 나와 내 가족이다.

정보를 활용하면 결과를 바꿀 수 있다

감정평가사로 10년 이상 일하며 경험으로 알게 된 사실이 있다. 바로 분쟁 중인 양자 중에 감정평가에 관한 정보를 갖춘 측이 절대적으로 유리하다는 것이다. 예외가 없었다. 비단 감정평가 영역뿐만이 아니다. 필요한 정보에 접근해 행동하지 않는 한 결과를 변화시킬 수 없다.

그러나 현실은 내 부동산에 감정평가 금액이 이미 책정되고 난 후에야 부랴부랴 대응책을 알아본다는 것이다. 한 대 세게 맞고 시작한다고나 할까. 감정평가는 전문 서비스의 하나이다. 우리는 모든 사람이 자신의 부동산에 대해 자유롭게 감정평가를 할 수 있는 세상에서 살고 있다. 전문가를 통해 적법하게 부동산 가치평가, 감정평가 정보에 접근할 수 있는 세상에서 살고 있다. 당연히 그런 정보를 이용해야 한다. 개인이 자신의 부동산에 대한 정보, 인근의 부동산 가격에 대한 정보에 제대로 접근하면 분쟁의 결과를 바꿀 수 있다.

묻고 더블로 가?!

문제를 접근하는 마인드는 '손해를 최소화하자' 정도로 재산의 객관적인 가치를 최대한 보호하는 방향으로 설정하는 것이 옳다. 공익사업 편입으로 보상을 받거나 소송으로 재산 분할을 하는 과정에서 팔자 고칠 생각으로 접근하면 일이 어려워진다. 스스로 합리적인 기대치 수준을 알고 시작할 필요가 있다. 근거 없는 카더라 시세를 믿고 가만히 기다리거나, '천만금을 줘도 부족하다!' 또는 '버티면 돈을 더 주겠지!' 하는 막무가내식 전략은 수용 또는 준수용(매도청구 등)에서 필패로 이어진다. 그런데 어쩐지 사람들은 '묻고 더블로 가!' 전략을 구사하고 싶어 한다.

반드시 싸우고 불복하는 것만이 능사가 아니다. 묻고(협의하지 않고) 더블로 가(부동산 가액 등을 올리는 것)려다가 반 토막 나는 수가 있기 때문이다. 합리적인 선에서 협상이 가능하다면 힘들게 싸울 필요가 뭐가 있겠는가. 협상을 통해 해결하는 것이 시간적, 비용적, 기회비용적인 측면에서 효율적이다. 협상을 하기 전에 협상결렬 시 감정평가액이 어느 정도일지 예상을 해야 협상의 마지노선을 정할 수 있다. 상담 중에 "000원을 준다는 데 협의할까요?"라고 묻는 의뢰인에게 당장 협의(그 돈 받고 소유권 넘기시라)하시라고 조언한 적이 엄청 많았다. 그 다음 단계로 넘어갔을 때 예상되는 감정평가액 대비 제시받은 금액이 아주 높았기 때문이다.

감정평가사에게 계속 분쟁을 지속하는 것이 '감정평가적'으로 유리하게 전개될지 여부를 상의하며, 그 과정에서 당연히 내 부동산 감정평가도 해볼 수 있는 것이다. 나부터 내 부동산에 기대 가능한 적정 수준을 알아야 비용, 시간, 에너지를 투입하여 싸울지 말지 의사결정을 할 수 있기 때문이다.

판사가 있는데,
왜 변호사를 고용하나요?

살면서 송사(訟事)에 휘말리는 사람이 얼마나 될까? 생각보다 많다. 사람들은 "저는 법 없이도 살 사람입니다!"라는 말을 한다. 상담 중에도 많이 듣는 말이다. "평가사님, 저는 법 없이도 살 사람입니다!" 어떤 의미와 의도로 하는 말인지는 안다. 하지만 이 말을 들을 때마다 나는 그 사람이 참 구식이라고 생각한다.

감정평가사는 판사의 역할을 한다

지역사회로 구성되어 동네 사람들 모두가 서로서로를 알고 지내어 자연적으로 자율적인 도덕성이 요구되었던 옛날에는 어땠을지 모르겠다. 하지만 복잡하고 다양한 문제가 연일 발생하는 현대사회에서는 자신이 '법 없이도 살 사람'이라고 큰소리치는 것이 더 이상 별 의미가 없어졌다. 나만 교통법규를 준수하며 운전한다고 자동차 사고를 100% 예방할 수 없는 것처럼, 아무리 내가 혼자서 법 없이도 살 사람이라도 복잡한 사회에서는 이런 저런 이유로 소송에 휘말리는 경우가 많다.

순수성을 강조하고 도덕적으로 결함이 없는 사람이라는 것을 내세우는 것도 아무 의미 없다. 현대사회를 살아가면서 아무것도 모른다(?)는 것은 특별히 자랑할 일이 아니다. 게다가 사회가 변하면서 재개발이나 재건축도 필요하고 도로도 넓혀야 하고 공원도 만들고 산업단지도 만들어야 하니까 보상 문제, 부동산 문제가 발생하는 것이지 이런 일이 도덕적으로 비난 받아 마땅한 사람들에게만 발생하는 것이 아니기 때문이다. 그냥 피할 수 없을 뿐이다. 그러다 보니 내가 법 없이 살 수 있든 말든 내 마음에 안 드는 보상금 때문에 행정심판, 행정소송 등 분쟁에 빠지게 된다. 일반적으로 소송이 붙으면 변호사가 각자 입장에서 변론을 하고 판사가 양쪽 주장을 다 듣고 판결을 해준다. 그런데 부동산 강제수용 문제에서는 '감정평가사의 감정평가액'으로 승부가 갈린다. 이때 감정평가사는 마치 소송에서의 판사와 같은 역할을 하게 된다.

변호사 역할을 하는 감정평가사를 찾아라

아는 감정평가사님이 내게 업무차 전화를 한 적이 있다. 업무 상의를 마치고 전화를 끊기 전 담소를 나누게 되었는데, 최근 자신의 친구가 보상금 다툼으로 행정소송 중이어서 실제로 감정평가 금액이 얼마나 나올지 알고 싶어 했다고 했다. 수십 년을 보유한 내 부동산이라고 해도 막상 보상금과 관련한 소송이 붙었을 때 '감정평가액'이 얼마가 나올지는 일반인이 예측하기가 어렵다. 그때 마침 친한 친구가 감정평가사이니 부탁을 했던 모양이다.

"야, 감정평가 좀 해줘봐. 정신이 하나도 없다, 내가 이런 걸 해봤어야 알지. 뭘 어떻게 해야 되냐?"

그래서 내가 평가를 진행해주기로 했는지 물었더니 다음과 같이 답변했다고 했다.

"야, 소송 가면 어차피 법원감정인이 감정해 줄 거야. 뭘 쓸데없이 미리 평가를 하냐? 그냥 법원에서 감정나오는 것이나 기다려봐. 어련히 알아서 잘할까!"

나는 그 평가사님의 대답을 들으며 다음의 생각을 했다.

1. 법원 감정이 나오기 전에 내 부동산의 가치가 궁금한 것이 당연지사 아닌가? 애초에 대강 얼마인지는 알아야 내가 소송을 할지 말지 의사결정을 할 것 아닐까?

2. 법원감정인은 신과 같은 존재인가? 어련히 알아서 잘 해주니까 내 부동산의 특색 및 비용 지출에 대한 자료 제출은 불필요한가?
3. 그럼 소송이 붙으면 판사가 알아서 판결할 텐데 뭐 하러 비싼 돈 들여 변호사를 사서 변론을 하는가?
4. 부동산 감정평가에 문외한인 일반인이 부동산 감정평가 소송으로 골치가 아픈데 마침 친구가 감정평가사니까 좀 물어보자고 한 것일 텐데… 너무 매정하다.

일반인도 필요하면 감정평가사를 고용해서 자기 부동산의 가치를 알아내고 강·약점에 대해 대비하고 추후 발생할 수 있는 문제를 미리 검토하는 것이 무조건 이득이다. 소송이 붙으면 나에게 유리하게 법률을 적용하고 해석하고 주장해줄 변호사를 고용하는 것이 당연한 것처럼, 부동산 가격과 관련한 분쟁이 붙으면 나를 위해 변호사 역할을 해줄 감정평가사를 찾아야 한다.

내 편을 들어줄 감정평가사 필요하다

법률 비전문가가 나홀로 소송하여 승소하는 승률과 감정평가 비전문가가 나홀로 이의신청하여 소기의 성과를 이루는 승률이 유사할 것 같다. 그런데 문제는 우리에게 토지 등 수용 금액을 결정하는 판사와 같은 역할을 하는 감정평가사에게 적극적으로 가격 변론을 하는 문화 자체가 없다는 것이다. 감정평가액 싸움에서 변호사 역할을 하는 감정평가사가 필요하다는 인식은 일반인은 물론 감정평가사들에게도 생소하다는 뜻이다.

앞에서 소개한 감정평가사의 생각이나 반응이 특별한 경우가 아니다. 대부분의 감정평가사들은 분쟁의 한쪽 당사자를 돕는 업무는 하지 않는다. 그냥 이곳의 업무 문화가 그렇다. 보상금 분쟁만 봐도 그것 때문에 사람이 죽기도 한다. 부동산 분쟁은 삶의 근거지, 개인이 소유한 가장 큰 재산이 걸린 문제로 절대 단순하지 않다. 우리 업계는 가격을 결정하는 판사 역할을 하는 감정평가사가 절대 다수이다. 하지만 나는 가격에 대한 변론을 해줄 변호사 역할을 하는 감정평가사의 역할도 매우 중요하다고 생각한다.

엉터리 감정평가!

감정평가가 엉망(?)이라는 불만은 매우 흔하다. 거의 모든 감정평가에는 감정평가 엉터리설이 따라 붙는다. 분노한 토지소유자는 이렇게 주장한다. "감정평가가 시세와 전혀 동떨어져 있어!", "아주 엉터리로 평가했어!, 무슨 비리가 있는 게 분명해!", "감정사인지 뭔지 그 인간 생긴 것도 기분 나쁘게 생겼어!"

감정평가 금액이 매우 낮게 나왔다고요?

거의 매일 듣는 감정평가 엉터리설이 제기되는 이유를 살펴보면 다음의 몇 가지 상황으로 분류가 된다.

사례 1. 소유자가 시세를 잘못 알고 있는 경우 or 매우 과도하게 기대하고 있는 경우

감정평가 시 고려하는 '시세'는 인근 지역 내 유사 부동산의 여러 개 '실거래 신고 가격'을 말한다. 즉, 실제로 거래가 이루어지고 정상적으로 신고가 된 금액을 말한다. 이른바 호가(세평가격)는 상황에 따라 참고할 수 있겠지만 이를 직접 근거로 평가하진 않는다.

시세 = 실거래 신고 가격의 모음

주목할 것은 '한 개의 실거래 신고 가격'이 바로 해당 지역의 시세가 되는 것이 아니라는 것이다. 실거래가가 평당 1,000만 원에 신고된 부동산 한두 개를 근거로 자신의 부동산은 평당 1,200만 원이라고 주장하는 경우에 조사해봤더니, 평당 700만 원인 실거래 신고 가격이 30개가 있었다. 이 경우, 이 동네의 시세는 얼마일까?

일단 과거의 사례로 감정평가를 하게 되므로 아무리 과거 시점에서 현재 시점까지 지가변동에 대한 보정을 한다고 하더라도 하루가 다르게 신고가를 갈아치우는 시장상황이나 특별히 부동산 가격이 매우 급격히 상승하는 지역에서는 과거의 가격을 기준하여 감정평가를 하는 것에 분명한 한계가 있다. 이럴 때 일정 부분 시점에 대한 보정을 하기도 하지만, 여기서 중요한 사실은 감정평가 시 파악하는 시세가 한두 개의 실거래 신고 가격을 말하는 것이 아니라는 것이다.

사례 2. 감정평가의 목적상 가격을 시세 기준으로 하지 않는 경우, 평가의 기준시점이 과거인 경우

감정평가는 수많은 목적에 의해 이루어지며, 다양한 평가목적에 따라 동일한 부동산이 동일 시점에 상이한 가격이 존재할 수 있다. 이를 부동산학에서는 '가격(가치)다원론'이라고 한다.

감정평가의 목적 자체가 시세를 밝히는 것이 아닌데 시세와 동떨어졌다는 이의는 온당치 않다. 또한 내가 '오늘' 감정평가액을 통보받았다고 하더라도 법령 또는 평가의 조건에 따라 기준시점이 2년 전이나 3년 전인 경우가 있다. 오늘 날짜를 기준으로 평가된 것이 아닌데 오늘날의 시세를 근거로 3년 전 기준으로 산정된 평가액이 엉터리라는 주장은 옳지 않다.

사례 3. 정말 무엇인가가 잘못된 경우

수년간 건설부동산 전문 법무법인의 자문을 하며 다양한 부동산 가격 관련 소송을 직·간접적으로 경험하게 되었는데, 실제로 소송까지 불사하는 경우는 정말 무엇인가 좀 논란이 될 여지가 있는 경우들이었다. 도저히 억울해서 법정에 가서 다투지 않고는 못 견디는 그 사건들은 대체로 그랬다.

정말 무엇인가 잘못되었다면?

의뢰인: 감정평가 금액이 어이없게 나왔어요. 말도 안 되는 금액이라고요.

박평: 그래요? 낮게 나왔다고 하는 근거가 뭔가요?

의뢰인: 이 동네 시세요! 여기가 요새 얼마나 올랐는데요!

박평: 시세요? 실거래 신고 가격 말씀인가요?

의뢰인: 아니요. 실거래 신고는 안 돼도 부동산(중개사사무소)이나 지역 사람들이 말하는 금액들이 있잖아요. 지금 거래는 잘 안 되거든요.

박평: 혹시 감정평가사에게 시세 파악을 요청해보셨나요?

의뢰인: 에이! 그 xx들을 어떻게 믿어요! 다 한통속이지! 애초에 내 부동산에 갯값 쳐놓은 놈들이잖아요!

박평: 아니, 제3의 감정평가사요. 지금 진행되는 재개발·재건축 혹은 보상 사업과는 전혀 무관하고, 이해관계가 얽히지 않은 제3자를 말씀드리는 겁니다.

위 대화는 아주 자주 발생하는 상담 패턴을 각색한 것이다. 비전문가들의 카더라 시세를 기준으로 접근하면 사안 해결에 오히려 악영향을 준다. 정말 무엇인가가 잘못되었다고 생각된다면 다음의 대처방안이 바람직하다.

첫째, 이에는 이, 눈에는 눈! 실제로 감정평가가 문제가 되는 사안인지 아닌지 전문적으로 파악한다. 재차 강조하지만 감정평가상 전혀 문제가 되지 않는 경우도 많다.

둘째, 감정평가사가 자기 책임하(감정평가서에 서명)에 규명해줄 수 있는 해당 지역의 '진짜 시세'를 알아본다.

셋째, 내 부동산은 나에게만 금테를 두른 것처럼 보인다. 객관적으로 접근해야 한다. 개인적으로 의뢰한 전문 감정인에게 '감정평가적으로 달성이 가능한 목표'를 설정해달라고 요청해서 나에게 최대한 유리할 방향을 모색한다.

넷째, 혹시 모를 기존 평가의 오류를 대비한다.

다퉈봐야 별 승산이 없는 사례도 많다. 의뢰인의 기대치가 비현실적인 경우 아니면 관련 법에 따르면 아무런 문제가 없는 감정평가일 때 그렇다. 선결문제는 무조건 소송(이의신청)부터 시작하기 전에 감정평가적으로도 진짜 억울한 상황인지, 다퉈야 할 상황인지 여부를 냉정하게 파악하는 것이다.

전례 지옥

한 번 엎질러진 본건 전례

'감정평가전례(鑑定評價前例)'란 한국감정평가사협회에 감정평가업자로 등록된 자(감정평가사)가 특정 부동산에 대해 정식 감정평가 절차를 거쳐 평가액을 산출한 후 보고서에 서명하여 발행한 부동산 감정평가의 사례를 말한다. 선행한 감정평가라고 하여 '평가선례(評價先例)'라고 하기도 한다. 감정평가사에게 이런 평가전례란 때로는 천국으로 가는 길의 안내자요, 때로는 지옥의 문지기요. 즉 두 얼굴을 가진 존재라고 생각한다.

감정평가사는 평가전례를 검색한다

11년차 감정평가사쯤 되면 어떤 부동산을 보자마자 '저 부동산은 2,053,700,000원이야!' 하고 가격이 나올까? 안 나온다. 여담이지만 꽤 많은 잠재 의뢰인들이 전화상으로 "서울 성동구 ○○동에 있는 주택인데요, 이 정도(?)면 대강 감정평가액이 얼마나 나올까요?"라고 문의한다. 나는 모른다고 대답한다. 그러면 사람들은 감정평가사가 이런 것(?)도 모르냐고 반문한다. 모른다. 검토해봐야 안다. 단언컨대, 100년을 근무한 감정평가사라고 할지라도 감정평가를 할 때마다 해당 부동산의 공적 장부를 확인하고 인근 평가전례, 실거래 신고 가격 등 가격자료를 찾아보면서 해당 부동산의 가격 범위를 먼저 설정한다. 그 후에 상세한 가격 작업에 들어간다(물론 특정 동네만 수년간 평가한다면 대강 거기는 평당 얼마 하는 기준이 있을 수 있다. 그렇지만 평가사들이 한 동네를 정해놓고 그곳만 평가하는 것이 아니다).

오늘 업무상 자주 연락하는 변호사님과 통화하는데 내게 특정 사건개요를 설명하시면서 해당 건과 유사한 판례가 있는지 수백 개의 판례를 찾아보셨다고 했다. 그런데 적용할 만한 판례가 전혀 없는 특이 케이스라고 했다. 변호사는 어떤 사건을 처리할 때 관련 판례를 수백 개를 살펴본다. 이 사건에 적용할 만한, 자신의 의뢰인에게 유리한 판례가 있는지부터 보는 것이다. 감정평가사도 마찬가지이다. 일단 전례부터 찾아보고 본다.

전례는 가이드이자 올가미

평가전례는 이미 다른 평가사가 정식 감정평가의 절차를 거쳐 수행해놓은 평가업무의 결과물이다. 대체로 감정평가사들이 업무하며 활용하는 평가정보시스템에 등록되어 있다.

평가정보시스템에서 평가기관, 평가목적, 평가 시점, 평가액, 평가자 등의 정보를 조회할 수 있다. 평가전례는 실거래가 신고 가격과 더불어 부동산 감정평가액 산정에 직·간접적으로 활용된다. 실거래가 신고 가격은 매수인과 매도인의 개인적인 사정, 정보력, 협상력 등에 따라 들쭉날쭉할 수 있다. 그러나 평가전례가 감정평가 전문가의 의견으로 사정 개입의 여지가 있는 실거래가 신고 가격보다 더 신뢰받는다. 그렇기 때문에 평가전례는 후행 평가사들에게 가격 수준을 파악하는 지침으로 활용되고 구체적인 가격을 결정하는 직접적인 근거가 되기도 한다.

자연히 감정평가사는 평가를 수행하면서 본건 전례 또는 본건 인근으로 소재하는 부동산의 평가전례를 열심히 수집하게 된다. 감정평가사가 결정하려는 가격이 있는데 그 부동산의 주변으로 분포되어 있는 평가전례의 가격 수준이 도통 받쳐주지 않는 경우, 심사 단계에서 좌절되는 경우가 많다. 10명의 감정평가사가 먼저 100원이라고 판단했는데 나 혼자 무슨 수로 150원이라고 결정할 수 있겠단 말인가. 그 동네에 포진된 유사 평가전례는 감정평가사의 가격을 옭아매는 튼튼한 올가미이다.

터줏대감 그 자체인 본건 전례

본건 전례는 대상 부동산에 미리 존재하는 평가내역을 말한다. 나는 개인적으로 평가전례를 터줏대감에 비유한다. 네이버 지식백과를 검색해보면, "터줏대감이란 관용적으로, 한 동네나 한 지역 혹은 어떤 모임에서 가장 오래되고 실력 있는 대표자 격인 사람(the highest seniority in group)을 가리킨다"라고 나온다. 그런데 분석하고자 하는 녀석이 터줏대감 그 자체라니.

본건 전례는 감정평가업을 직업으로 삼고 살아가는 누군가가 해당 부동산에 대해 나보다 먼저 열심히 고민하고 조사하여 창조한 결과물이다. 나의 생각과 극명하게 다르지 않은 이상 존중하지 않을 이유가 없다. 본건 전례란 그렇게 나에게 영향을 미치는 존재이다. 더욱이 평가하려는 부동산 인근에 포진해 있는 유사한 가격군이 본건 전례의 논리나 가격 결과를 받쳐주면 그 본건 전례의 정당성은 더욱 높아진다. 실거래가 신고 가격 등 매매사례에는 각종 사정이 개입될 수도 있지만, 감정평가전례는 인근 거래사례에 존재할 만한 사정 등을 필터링한 일종의 정제된 가격이기 때문에 평가하는 사람들이 존재할 가능성이 더 높은 가격으로 인식한다.

한편, 감정평가전례는 감정평가사협회의 전산망에 있어서 감정평가사협회의 인증을 받은 사람 예컨대 감정평가사, 감정평가회사에 소속된 직원 등만 접속할 수 있다. 따라서 내 부동산에 무슨 전례가 있는지 없는지 여부는 일반인이 알 수 없는 부분이다. 내 부동산에 '본건 전례'가 존재한다는 것은 미래에 내가 어떤 상황에서 어떤 감정평가를 받아야 하는지에 따라 나에게 유리할 수도, 불리할 수도 있다. 그래서 분쟁이 예정되어 있다면 확인해보길 권한다. 본건 전례는 대체로 존중을 받는다.

그러나 감정평가 역시 사람이 하는 일이기 때문에 평가자마다 발휘하는 재량의 폭이 다른 것도 사실이다. 아무리 본건 전례가 있어도 후행 감정평가사가 다르게 생각할 수도 있다. 감정평가자의 '재량'을 어떻게 활용해낼 것인가, 현재 시점에서 해당 물건의 특성을 어떻게 해석해낼 것인가를 섬세하게 살피는 것은 감정평가를 잘 받고 싶은 부동산 소유자가 풀어야 할 과제이다.

전례 타파?

본건 전례뿐만 아니라 본건 전례와 가격 균형을 이루는 평가전례가 온 동네에 쫙 깔려 있다는 것은 보상액에 이의를 제기하는 신청인에게는 참으로 불리한 일이다. 이의신청 과정에서 다시금 해당 부동산을 평가하는 감정평가사에게도 어려운 일이다. 이의신청인은 "이 동네의 평가전례는 모조리 잘못되었다!"라고 주장하면서도 감정인이 참고할 수 있는 근거나 논거는 제시하지 않는 경우가 대부분이다. 아무런 백 데이터도 제공하지 못하면서 일개 감정평가사에게 무조건 기존의 전례를 모두 타파하라고 강요하는 것은 옳지 않고 통하지도 않는다.

특히 강제수용을 하는 공익사업의 이의신청 절차에는 반드시 본건 전례가 존재한다. 한 피수용자가 100원이라는 본건 전례가 마음에 들지 않아서 이의신청을 했다고 가정해보자. 다음 평가사가 평가를 하려고 보니 이미 본건에 100원이라는 평가전례가 있었고, 내용을 살펴보니 잘못된 것이 없다. 피수용자는 억울하다고만 하면서 구체적인 의견을 제시하지는 않는다. 과연 후행 평가사는 얼마를 평가해야 할까?

평가전례라는 것은 그렇다. 이미 발생한 것을 후행 감정평가사가 마음대로 지지고 볶을 수가 없다. 그러니 부동산 분쟁에 빠진 사람이 전례지옥에 빠져 허우적대는 일을 피해야 한다. 가장 이상적인 방법은 내가 앞으로 영원히 싫어하게 될 평가전례가 탄생하는 것을 방지하는 것일 것이다. 다시 말해, 애초에 좀 더 나은 평가를 받도록 노력하는 것이다. 어떤 평가가 예정되어 있다면 '알아서 잘 해주겠지' 하고 강 건너 불구경하듯 하지 말아야 한다. 아무런 의견도 내지 않고, 감정평가사가 요청하는 자료도 제출하지 않고, 심지어 현장조사 협조도 안 하고서 나중에 결과가 나왔을 때 감정평가사만 죽일 놈이라고 욕해봤자 이미 늦었다는 것이다.

감정평가사도 직장인이다

2021년, 현재 한국감정평가사협회에 법인 또는 사무소의 형태로 '등록'된 감정평가사는 약 4,300명이다. 폼나는 전문직인 변호사가 약 3만 명 정도 된다고 하던데 절대 숫자를 생각해보면 감정평가사는 꽤 희소한 직업임이 분명하다.

회사는 이윤을 창출하는 이익집단이다

감정평가협회에 등록된 4,300여 명이 모두 나와 같은 사무소 개업 평가사일까? 아니다. 감정평가법인에 등록된 평가사가 약 3,600명으로, 법인 소속이 압도적으로 많다(700여 명은 개인사무소 운영). 감정평가법인은 공적, 사적 시장에서 다양한 목적의 감정평가업을 수행하며 수수료를 받아 운영되는 회사이다. 대표가 있고 집행부가 있고 여러 개의 본부에 속한 많은 직원이 함께 업무를 하는 회사이다. 즉, 감정평가법인의 구성원은 회사의 구성원이다.

감정평가법인에서 근무하는 사람에게 감정평가법인은 직장이다. 직장인은 월급을 받고 일정한 양의 업무를 처리하고, 그에 따라 월급을 받는다. 월급을 받고 주어진 업무를 처리해야만 하는데, 그 업무를 어떻게 처리하는가는 직장인의 월급을 크게 좌우하지 않는다. 특히 그 업무가 영업활동 없이 구성원에게 안분된 일이라면 그 일은 '처리해야 할 업무'에 불과하다.

이들의 바쁜 일상 속 산더미처럼 쌓인 감정평가업무 중 당신의 전 재산이 걸린 평가가 있을 수도 있다. 평가사들은 공무원도 아니고 딱히 정의의 사도들도 아니다. 그냥 부동산 감정평가를 전문으로 하는 회사에 재직 중인 직장인일 뿐이다. 감정평가사는 수많은 직업의 하나일 뿐이다.

감정평가사에게 감정평가는 그냥 일이다

우리가 알고 있는 일반적인 회사와 비교할 때 전문가 집단이 근무하는 회사라고 해서 무엇인가 특별할 것은 없다. 일반 사기업과 다를 것이 없다. 이윤이 남아야 존속된다. 이것이 현실이다. 수익을 내야 회사가 운영되므로 지속적으로 다양한 목적의 평가업무를 수행하고 있다. 그런데 내가 현장에서 만난 많은 피수용자는 평가사라면 응당 당신들의 이익을 위해 목숨 걸고 싸워야 한다고 생각하고 있었다.

어느 날 만난 초면의 그 감정평가사가 나한테'만' 유리하게 평가해줄 것이라고 막연히 기대한다. 그러다가 결과가 자신이 생각했던 것에 미치지 못할 때는 감정평가사를 힐난한다. 평가사가 부도덕하다든가, 사업시행자와 짝짜꿍한다든가, 상대에게 돈을 받았다든가 등을 주장하면서 평가사가 죽일 놈이라고 생각한다. 이때 자료 및 구체적인 의견을 제출하지 않거나, 객관적인 부동산 가치를 알아보기 위해 노력하지 않았던 피수용자 본인들은 비난의 범주에 포함되지 않는다. 왜? 나는 이런 일을 난생처음 당해보고 평가사는 전문가니까 응당 알아서 잘(이른바 나에게 정의롭게) 평가를 해야 한다고 생각하기 때문이다. 문제 해결과 전혀 무관한 사고회로이다.

바쁜 회사원이기 때문에 배정받은 이 업무를 빨리 처리해야 하는 평가사의 눈에 당신의 부동산이 특별해 보일 것이라는 기대를 접어야 한다. 아울러 평가사는 특별히 의뢰인에게 해롭게 평가하고자 하는 악의를 품지도 않는다. 대부분의 평범한 평가사는 지극히 정상적인 범주에서 정상적으로 일을 한다. 업무처리 방침에 따라, 상황에 맞게, 법의 테두리 안에서 주어진 할 일을 할 뿐이다. 일이기 때문이고, 직업이기 때문이다. 감정평가회사도, 그 회사에 재직하는 직장인도 먹고 살기 위한 경제활동을 하는 것이다.

현장조사? 협조하기 싫은데요?

보상평가를 하면서 피수용자들에게 제대로 된 협조를 받아본 적이 거의 없다. 엊그제도 협조받지 못한 '보상금 증액 청구의 소' 현장조사가 있었다. 보상금이 낮다고 소를 제기한 원고가 부재하여(나는 분명히 미리 현장일정을 고지했다) 현장조사에 입회한 원고 변호사의 안내에 따라 '주택의 창문을 넘어' 내부로 진입해야 했다. 내가 감정인인지 도둑인지, 그 집을 지키던 개가 있었다면 물려도 할 말 없는 신세였다.

개인적인 필요에 의해 감정평가를 의뢰한 의뢰인들은 절차와 요청하는 자료의 구비에 매우 협조적이다. 그러나 공적업무를 하다 보면 감정인에게 심한 적대감을 드러내는 사람들을 정말 많이 만난다. 평가대상 건물의 내부 확인은 고사하고 자기 부동산의 주위도 얼씬거리지 못하게 하며 상당히 공격적인 태도를 보인다.

여담인데 보상평가 현장조사로 방문한 집 마당에서 격하게 짓는 삽사리를 보고 차에서 내리질 못하고 창문을 열고 주인에게 현장조사 협조요청을 했건만 협조는 안 되고 원치 않던 삽사리만

달려 나와 운전석 차문을 긁어대는 통에 새로 산 차에 개 발톱이 선명하게 남아 속상했던 적도 있다.

감정평가는 일단 잘 받고 볼 일이다

자신의 마음에 안 드는 감정평가가 진행된다고 하더라도 일단 감정평가가 진행되고 있다면 결과를 잘 받고 볼 일이다. 그 평가가 내 부동산에 대한 평가전례(기록)로 남기 때문이다. 부동산 소유자는 감정평가에 도움이 될 부동산 현황자료, 인근 지역 가격자료 등을 정리하여 서면으로 제출할 필요가 있고, 감정인이 현장방문을 할 때는 최대한 조사에 협조하는 것이 좋다. 누구라도 자신이 확인하지 못한 내용에 대해서는 보수적일 수밖에 없기 때문에 좋은 평가를 받고 싶다면 평가자가 판단을 잘 내릴 수 있도록 도와줘야 한다.

당신의 부동산은 당신에게나 특별하지 매일매일 같은 업무를 처리하고 있는 평가회사의 직원에게까지 엄청나게 특별할 이유는 없다. 가만히 앉아서 특별대우를 원하는 것은 지나친 희망이며, 좋은 결과를 원한다면 감정평가업무에 협조하는 것이 유리하다. 내 부동산의 어떤 부분이 장점인지 알아보기 쉽게, 감정평가서에 반영할 수 있도록 근거자료를 뒷받침한 의견을 잘 정리해서 제출하고 주장해야 한다.

나는 다음의 질문을 수도 없이 받아보았다.

“이번 주에 감정평가사들이 무슨 조사를 하겠다고 방문한다고 하는데 문을 열어줘야 합니까?”

“내가 집수리 했던 자료들은 개인정보(?)인데 감정평가사들에게 내보여줄 필요는 없지 않습니까?”

주로 보상 감정평가, 재개발·재건축 현금청산 등 피수용자 측에서 감정평가에 극렬히 저항하며 현장조사를 거부한다. 자, 그런데 이런 경우 감정인이 평가를 못할까? 한다면 어떻게 할까?

평가 거부와 외관 감정평가

예전에 어떤 건물이 최초 감정평가 시 공적 장부에 등재된 대로 ‘근린생활시설’ 가격이 나왔었다. 사실 그 건물은 엄청난 비용을 들여 내부를 전체 리모델링한 4층 건물로, 한 층당 여섯 가구가 있는 ‘다가구 주택’으로 개량되어 있었다(다가구 주택의 재조달원가가 근린생활시설보다 높다. 비록 불법개조라 할지라도 평가목적에 따라 현 상태를 감안해 평가할 수 있는 경우가 있다).

이 건의 건물주는 최초 감정이 나온 후 가격을 보고 깜짝 놀란 평가사인 나를 고용한 것 이었다. 다음은 현장 확인 후에 나눈 대화이다.

박평: 이 건물이 왜 전체 근린생활시설로 평가되었어요? 평가 당시에 입회 안 하셨어요?

의뢰인: 아, 그때 갑자기 ○○가 진행되면서 감정평가를 한다고 하니 화가 나서 평가하러 온 사람들이 못 들어오도록 막았어요.

당연히 내부를 확인할 길이 없었던 감정인들은 외관평가를 진행할 수밖에 없었고 내부의 이용상황은 공적 장부에 기재된 것을 기준할 수밖에 없었기 때문에, 결론도 내부 확인을 못한 그 상태로 나올 수밖에 없었던 것이다. 나 같아도 현황을 확인도 못 한 근린생활건물을 다가구 주택으로 평가할 수는 없는 노릇이다. 후에 의뢰인이 나를 고용해 최초평가를 다투었고 결국 인용되었지만 이것은 절대 현장조사를 저지당한 최초 감정평가사들의 잘못이 아니었다. 이 의뢰인의 경우 처음부터 현황대로 정상적으로 평가받고 추후에 그 가격을 더욱 올리려는 다툼을 했었다면 더 효율적이었을 것이다. 한 번 결정된 감정평가액은 다투기가 참 어려울 뿐만 아니라 그 파급력도 엄청나다. 감정평가가 시행된다고 하면 공익사업의 찬반 여부, 경매절차 진행 중지 여부는 잠시 접어두자. 이유 없이 감정인을 적대시할 필요가 없다. 감정인을 만나면 최대한 현장조사를 협조하는 것이 득이다. 설령 나중에 다투더라도 일단은 현재 상태대로 제대로 평가받고, 추후에 한 푼이라도 더 올려받는 것이 낫다.

감정적이지 않은 감정평가가 좋다

감정평가 업무의 특성상 아주 많이 화가 난 사람들을 접할 기회가 많은데, 그런 사람들을 수도 없이 만나야 하는 감정평가사에게도 감정은 있다.

분노와 협박을 그대에게

수년 전, 쌀쌀한 가을날에 경기도 00시에 소재한 재개발 구역의 보상평가를 위한 현장조사를 갔던 때였다. 나는 평가사 선배의 업무를 보조하고 있었다. 그날은 상대법인(파트너법인)과 함께 토지, 지장물 조사와 더불어 세입자/소유자의 휴업손실보상을 위한 조사를 나간 것이었다. 그 당시 특히 상가세입자들의 민원이 거셌는데 도저히 협조를 기대할 수 없는 상황이었다. 자료를 제출하고 내부조사를 하도록 해야 가격을 좀 더 좋게 낼 여지라도 찾을 텐데 그들은 아랑곳하지 않고 거친 욕설과 고성을 쏟아냈다. 우여곡절 끝에 어느 영업장에 도달하자 현장조사단과 영업세입자들의 긴장이 극에 달했다. 시장통에서 양측이 마치 대치하듯 서 있던 중에 상대 진영에서 누군가 갑자기 내게 삿대질을 하며 이름과 소속을 대라며 위협적으로 다가왔다. 나는 당시 20대 중반이었는데 '내 딸보다도 어린 것이 뭔 보상금을 결정하냐'며 윽박지르기 시작했다.

악을 쓰며 다가오는 기세에 흠칫 놀랐는데 평가사 선배가 "얘는 여직원(사무직원)이니 신경 쓰지 마시라"라고 하며 그 사람을 막아섰다. 순식간에 평가법인 여직원이 된 나는 분노한 상가세입자들의 레이더망에서 벗어날 수 있었다. 선배에게 너무 감사했다. 상가세입자들은 끝까지 평가에 관련된 자료는 제출하지 않고 화만 냈다.

나에겐 당장 털어놓을 수 있는 이와 유사한 이야기가 50개도 넘게 있다. 나의 동료들도 각자 50개씩은 있을 것이다. 감정평가사도 사람인데 저런 상황에 처하면 유쾌할 리가 없다. 더군다나 집중하여 조사하기도 어렵다. 감정평가 대신 감정소모만 하게 되는 것이다.

감정을 배제해야 객관적인 접근이 가능하다

원치 않는 수용으로 전 재산인 부동산에 감정평가가 시행되면서 피수용자가 다소 격앙된 태도를 보이는 것을 어느 정도는 이해할 수 있다. 대부분의 감정평가사들이 피수용자가 표출하는 분노를 어느 정도는 다 이해한다.

하지만 기억해야 한다. 고함치며 욕하고 위협하며 헌법상 보장된 재산권 등을 외치는 것은 소모적인 에너지 낭비일 뿐이며, 실질적으로 부동산 가격 자체를 올리고 내리는 것과는 무관하다. 순간의 위로나 "최선을 다해주세요", "네 그러겠습니다" 등의 대화보다는 실리를 좇아야 한다.

감정평가 금액을 높이고 싶으면 그에 초점을 맞춰서, 낮춰야 한다면 또 그 부분에 초점을 맞춰서 의견을 교환하는 것이 옳다. 감정평가를 잘 받고 싶다면 감정평가사와 대화할 때는 부동산 가격과 관련된 사항을 위주로 말해야 한다. 최대한 감정을 절제하고 객관적인 상황을 보기 위해 노력해야 한다. 억울하고 분한 심정은 제대로 된 자료를 전달하면서 표현해야 하며, 극단적인 감정소모는 지양해야 한다. 감정적이지 않은 감정평가가 토지소유자에게도, 감정평가사에게도 좋다.

감정평가사도 '감정'이 있습니다

감정평가사도 감정이 있다. 내가 자신의 편이 되어주기를 원하는 의뢰인이 내 편이 될 준비도, 노력도 하지 않는 경우에는 나도 그의 편이 되고 싶지 않다. 꾹 참고 그의 편이 되어 좋은 성과를 내도 보람이 없는 경우가 많았다. 수년간의 업무 끝에 나는 처음부터 서로의 편이 될 수 있을 때 업무를 착수하는 것이 좋다는 결론을 내리게 되었다.

우리 그만 헤어지자(평가반려)

자신의 일이 잘되도록 도우려는 감정평가사에게 이상하게 비뚤어진 태도로 일관하는 사람들이 있다. 자신의 업무를 처리하는 사람의 진을 빠지게 하는 사람들, 자신이 처한 상황을 판별하지 못하고 얼토당토않게 과도한 요구를 하는 사람들, 호의로라도 돕고자 했던 마음이 싹 달아나게 하는 사람들을 만날 때 나는 업무를 그대로 종결하는 방향을 선택한다.

내가 감정평가사라고 소개하면 우스갯소리로 "내 감정도 좀 감정해주시오"라는 사람들이 있다. 사실 그 감정평가도 거의 정확하게 할 수 있다. 부동산이라는 가장 중요한 재산의 가격 분쟁이라는 큰 사건 앞에서 사람들이 어떻게 행동하는지 많이 봐왔기 때문이다. 사람의 본질은 평온한 상태보다는 극도의 스트레스가 있는 극한 상황에서 더욱 선명하게 드러난다.

감정평가는 단 1회의 서비스로 종료되는 것이 아니다. 평가 후에 평가전례를 확인한 후발주자 감정인들에게 끊임없이 연락이 온다. 그럼 평가전례를 송부해주고 해당 부동산의 특성과 가격에 대한 개별 브리핑을 하는 등 의뢰인들이 모르는 지속적인 관리가 이뤄진다.

감정평가가 끝난 후에 결과물과 관련된 새로운 업무가 시작되는 것이다. 그 물건에 대해 의뢰인 대신 계속 가격 변론을 해야 하기 때문이다. 따라서 근거 없는 카더라에 휘둘려 "누가 누가 그러는데 얼마 얼마는 충분히 나온다는데요! 왜 평가사님은 그 가격을 못 만들어내시나요?"라고 하는 의뢰인의 업무를 맡을 마음이 도저히 안 생긴다. 그럼 안녕을 외친다. 업무 경력이 쌓일수록 평가반려를 결정하는 시간이 짧아진다.

신뢰와 의리로 뭉친 의뢰인과 전문가

감정평가사도 사람이라 고맙고 존경심이 우러나는 의뢰인,

신뢰를 보내는 의뢰인을 위해 더 열심히 일하게 마련이다. 일을 하다 보면 참으로 다양한 사람들을 만난다. 신의와 성실을 좇아 열심히 일해서 훌륭한 성과까지 낸 사람의 감정을 기어이 상하게 하는 사람들도 있고, 기쁜 마음을 감출 길이 없어 마음껏 감사의 표현을 하는 분들도 있다. 동일한 사안의 동일한 결과를 놓고도 특별히 기괴한 반응을 보이는 의뢰인도 있다. 사태를 파악하지 못하고 뭔가 불평을 하고 의심을 하거나 의미 없는 가시 돋친 소리를 해야 직성이 풀리는 것 같다.

감사하게도 나에게는 의뢰인과 전문가로 만나 업무를 진행하며 나이, 지역, 성별을 떠나 친구가 되어 참된 우정을 쌓고 있는 의뢰인이 많다. 업무를 처리하며 힘들 때마다 잘 해결되었을 때의 의뢰인이 지을 함박웃음, 진심으로 우러나는 행복한 미소를 상상했다. 그리고 마침내 현실이 되어 내 두 눈으로 직접 볼 때는 늘 가슴이 미어질 듯이 벅차오른다.

많은 의뢰인을 대표하던 60대 중반의 '수퍼 아재(의뢰인 애칭)'가 젊은 내 손을 꽉 잡고 깊이 허리를 숙이며 당신들이 도와준 이 고마움은 무덤에 가서도 잊지 않겠다는 말을 할 때 눈물이 나서 혼났다. 이미 오래 전에 업무가 종료되었는데 여전히 나의 건강과 행복을 위해 기도한다는 안부 카톡을 보내는 의뢰인들을 위해 나도 그들의 안녕과 평안을 기도한다.

지금 이 순간에도 생각나고 보고 싶은 의뢰인들이 많다. 좋은 날씨에 함께 차 한 잔 했으면 좋겠다는 생각에 문득 안부를 묻고 싶을 정도로 마음이 잘 통하는 의뢰인들이다. 생각해보니 이 분들에겐 공통점이 있다. 바로 억울한 일을 당했을 때 그 자리에 주저앉지 않았다는 것이다. 싸울 방법을 찾았다는 것이다. 나는 그들과 함께 뛰었다. 결과는 아름다웠다. 잠깐 생각만 하는 것으로도 내게 긍정의 에너지를 쏟아주는 좋은 분들이다.

제4장

'감정평가사어'를 쓰는 자, 가격 전쟁의 승률을 높인다

감정평가사어가 존재할까?

'여자어', '남자어'라는 것이 있다고 한다. 같은 한국어지만 '여자어'를 남자가 잘 못 알아들어서 연인 사이에 다툼이 일어나기도 하고, 썸남에게 온 카카오톡을 친한 여자친구들이 모여 머리를 맞대고 저마다 해석을 내놓기도 한다. 왜 이런 일이 발생할까? 같은 한국어처럼 보이지만 상황, 목적, 특성, 분야에 따라 서로 다른 의미의 언어가 되어버리기 때문이다. 일상생활에서도 한국어의 다양한 '~어, ~어'의 존재를 체감한다. 회사에서 쓰는 언어인 '회사어'가 존재하고 연인 사이에 쓰는 '애기어'라는 것도 있다. 직장상사에게 업무 보고를 하면서 애기어를 쓰면 직장에서 잘리거나 계속 다니더라도 모자란 사람 취급을 받을 것이다. '~어'는 때와 장소에 맞게 선택하고 사용해야 하는 것이다.

'감정평가사어'란?

전문직 분야에도 '~어'가 존재한다. 법률어, 의료어 등 그들만의 언어가 분명히 존재한다. 이런 '~어'가 있는 경우 그 언어를 잘 쓰면 업무 효율이 높아지고 잘못 쓰면 업무 혼란이 발생하고, 사고가 난다. 우리 업계에도 '감정평가사어'가 존재한다.

나는 11년째 감정평가서를 작성하고, 분석하는 일을 하고 있다. 4년째 보상 전문 행정사로 일하면서부터는 감정평가와 관련된 의견서도 많이 작성한다. 매일 감정평가서를 끼고 살면서 감정평가사들과 어우러져 '감정평가사어'를 쓰며 사는 나 같은 사람들은 감정평가서를 구성하는 각 의견, 산출 근거 및 도면, 사진의 순서가 맞지 않거나 원본 감정평가서를 철하는 순서(각 공적장부의 순서 및 각종 가격자료가 들어가는 순서)가 뒤죽박죽되어 있으면 매우 불편하다.

감정평가서에 존재하는 다양한 용어 및 언어들이 법률 및 감정평가이론, 감정평가 실무기준 등에 맞게 정형화되지 않은 채 보고서에 널려(?) 있는 것을 보면 상당히 거슬린다. 보고서가 잘 안 읽힌다. 내가 예민한 미친 여자여서가 아니다. 차분하고 침착하고 심성이 고운 동료 평가사들도 뒤죽박죽된 감정서, 정제되지 않은 용어, 이상한 감정평가 논리 및 구조를 극도로 싫어한다. 티를 안 낼 뿐이다. 물론 친한 사람들끼리 있을 때는 엄청 티를 낸다. 감정평가사들의 특성이 이렇다면 감정평가사에게 제출할 의견서는 '감정평가사어'로 작성될 필요가 있다. 그들은 감정평가에 관한 의견서, 감정의견서 혹은 이의신청서, 의견제출, 탄원서 내지는 진정서, 청원서 등 다양한 제목의 의견서를 받고 있다. 하지만 그들의 언어로 작성된 의견서는 찾기 힘들다. 설득의 시작은 그들의 언어를 사용하는 것이다. 그런데 내가 만났던 많은 의뢰인 혹은 상대의 법률대리인 등은 '감정평가사어'로 작성된 감정평가 의견서가 중요하다는 것을 모르는 경우가 대부분이다.

번역사, 통역사가 필요하다

보상현장에서 만난 분과의 일화이다. 그분은 자신의 보상금액에 대한 이의신청 대행을 맡긴 업체에서 작성한 이의신청서를 건네면서 내게 참고해 평가해달라고 했다. 나는 그 신청서를 참고할 수 없었다. 무엇보다 직접 적용을 요청하는 내용이 공익사업을 위한 토지 등의 취득 및 보상에 관한 법률에 위반되었다. 할 수 있는 걸 시켜야지, 감정평가사가 아무리 좋은 마음으로 받아주고 싶어도 반영해줄 수 없는 일이다.

곧이어 그 분은 해당 서면에 기재된 이의신청의 내용을 단 하나도 받아주지 않은(아니 받아주지 못한) 선행 감정인에 대한 저주를 퍼부었다. 나는 묵묵히 들었다. 이번 평가가 끝나고 나면 고스란히 나에게 떨어질 저주였다. '감정인이 반영해줄래야 반영해줄 수 없는 이의신청을 한 사람은 당신이라고! 이 사안의 핵심은 이게 아니라고!'라고 말하고 싶었지만 혓바닥을 깨물고 참았다. 상대방(사업시행자)이 있는 사안에서 보상액을 결정하는 사람으로서 피수용자를 직접 코칭할 수도 그와 싸울 수도 없었기 때문이다. 그 사람은 무엇이 잘못되었는지 전혀 모른 채 감정인만 탓하고 있을 뿐이었다. 안타까운 일이었다.

이상한 이의신청서를 만들지 않았으면 좋겠다. 대부분의 경우 감정평가사어는 고사하고 그 동네 분노어로 작성되어 있다. 아니면 본건은 경찰서로부터 직선거리 50m 내외에 소재하여 치안이 우수하다는 등의 아무것도 아닌 지리조건만 나열되어 있다. 부디 감정평가사가 가장 익숙하게 볼 수 있는 '감정평가사어'를 구사하는 의견서(이의신청서)를 작성할 것을 추천한다.

그들의 언어로 소통하려고 해야 먹힐 가능성이라도 생기는 것이다. 감정평가 보고서를 능통하게 번역해서 이의신청의 언어로 표현하고 피수용자의 입장을 효율적으로 대변하는 통역사가 있으면 금상첨화이다. 이의신청인이 알아야 할 것은 보상금과 관련된 공방은 상대방이 있는 사안이라는 것이다. 사업시행자 역시 일방 당사자로서 산정된 보상금이 높다고 주장한다. 일개 감정평가사가 무슨 힘이 있다고 제대로 된 근거도, 주장도 없는 상황에서 제 마음대로 보상금 수억을 올릴 수 있겠는가. 단순한 문제가 아니다.

보상금 증액이 어려운 이유

공익사업 또는 재개발사업 등에서 보상금 산정을 위해 부동산이 감정평가 되는 간략한 절차를 살펴보자. 그리고 보상금 증액이 도대체 왜 이리도 어려운지 파악해보자. 다음 내용을 읽을 때 '평가전례'를 '판례(判例)'와 동의어로 생각하면 이해가 더 쉬울 것이다.

피수용자는 최초의 보상금 통보를 받고나서 움직인다

1. 사업시행자(조합, 민간사업자, 정부 등)는 감정평가사에게 당해 사업과 관련된 평가를 의뢰한다.
2. 해당 지역에 감정평가적으로 특별한 지표가 없는, 감정평

가전례의 불모지와 같은, 즉 어떤 가격 수준으로 대량 평가(그 동네 전체를 싹 다 평가)가 이루어졌을 때 크게 무언가에 배치되거나 이상하지 않은 상태인, 하지만 피수용자가 앞으로 영원히 싫어할 어떤 가격이 결정(최초의 평가전례가 생김)된다.

3. 피수용자에게 그 가격이 통보된다.
4. 피수용자는 뒷목을 잡는다. 자신이 기대했던 가격에 훨씬 못 미치기 때문(자신이 기대했던 가격의 정당성 여부는 별론으로 한다)이다. 왜? 공익사업을 위한 토지 등의 취득 및 보상에 관한 법률 제67조 제2항에 의거 "당해 사업으로 인한 가격의 변동을 고려하지 않고 보상(개발이익/손실배제보상)함이 원칙"이며 이미 인근 지가는 해당 사업으로 인한 기대심리나 이주 수요 등으로 천정부지로 뛰고 있기 때문에 매일매일 개발이익이 반영된 인근 시세를 들어왔던 피수용자들에겐 어이없는 헐값이며, 실제로 해당 보상금에 양도소득세까지 내고서는 이미 가격이 올라버린 유사지역에서 대체지를 취득하기가 어려운 문제가 있다.
5. '3'의 가격이 말도 안 된다고 생각한 피수용자는 보상금 불복 절차를 시작한다. 일단 인터넷 검색을 해서 전문으로 보이는 변호사, 행정사 등을 통하거나 또는 스스로 이런 저런 정보를 수집하여 이의신청서를 작성한다.

6. 이의신청서를 열심히 작성했지만, 해당 부동산에 감정평가격으로 적용이 가능한 현실 존재하는 가격 군, 평가 논리 및 기법 등에 대한 내용이 빠졌기에 통하지 않는다.
7. 그러는 과정에서 다음 절차로 감정평가가 이루어졌는데 또 '3'과 유사한 가격이 나온다.
7-1. 평가사의 항변: 그 동네에 '3'의 가격을 지지하는 유사한 평가전례가 이미 '2'의 단계에서 수십 또는 수백 개가 존재한다. '3'의 가격이 특별히 문제되는 것으로 보이지도 않고 별다른 근거도 없이 나 혼자 독단적으로 튀는 결정을 할 이유가 없다.
8. 상황이 여기까지 오면 이미 해당 피수용자의 부동산에 공신력 있는 평가전례가 두 개가 생겨버린다. 이 금액은 최소 4인, 최대 5인의 감정평가사가 결정한 결과이다. 피수용자의 표현을 빌리자면, "첫 번째 금액과 별 차이도 없는" 두 번째 금액을 받은 피수용자는 처음보다 더 화가 난다. 다시 불복한다.
9. 그 다음 불복 절차에 투입된 평가사가 보니 그 동네 수십 또는 수백 개 평가전례뿐만 아니라 본건 평가전례(서로 유사함)가 두 개나 존재한다. 특별한 하자는 없다. 피수용자가 제출한 이의신청서에는 유의미하게 검토할 내용도 없다. 당신이 이 감정평가사라면 어떻게 할 것인가? 이의신청하

고 내버려두면 통상 조금씩 금액이 오른다고들 생각하는데 천만의 말씀이다. '기각(금액을 떨어뜨림)'도 가능하다.

10. 피수용자의 부동산에 총 세 차례에 걸쳐 감정평가사 6~7인이 결정하여 서명한 유사한 감정평가액이 세 개나 존재하게 된다. 이제 그(그녀)는 행정소송을 결심한다.

소송에서도 감정평가로 보상금이 결정된다

나도 법원감정인이다. 법원에서 감정 촉탁을 받으면 오죽하면 소송까지 했겠나 싶은 마음에 한 번 더 살펴보려고 노력한다. 전 단계에서 결정된 보상금에 대한 억울함이 있었을 것이라고 생각하기 때문이다.

감정평가가 마음에 들지 않아 제기한 소송에서도 역시 감정평가가 핵심이 된다. 소송에서는 대체로 법원감정인의 평가액 그대로 보상액이 결정되기 때문이다. 그런데 많은 사람이 소송까지 와서도 감정평가에 대비하지 않는다. 어쩐지 피수용자는 판사에게 읍소하기에만 바쁜 것 같다.

보상금 증액이 왜 어려울까? 평가전례 대비하여 금액을 시원하게 팍팍 올려주지 않는 나쁜 감정평가사들 때문일까? 나와 똑같은 사건의 최근 판례가 존재하고 내가 그 사건과는 다른 판결을 받아야 하는 이유를 입증해내지 않는 경우, 판사는 무엇을 참고하여 어떤 판결을 낼까?

동일한 목적으로 유사한 시점에 감정평가가 이루어진다면 다수의 감정평가사가 내리는 결정은 대동소이하다. 누구는 10억 원이라고 하는데 누구는 20억 원이라고 하는 일은 현실적으로는 거의 없다.

따라서 내가 다투고자 하는 감정평가전례가 계속 후행 가격에 영향을 미치는 고리를 끊어내는 것이 중요하다. 최초의 보상금이 결정되기 이전, 협의보상 단계에서부터 감정평가에 관한 의견 제출, 현장입회 등을 통해 적극적으로 감정평가에 참여하길 바란다. 억지스러운 목표나 주장은 배척당하므로 합리적인 수준을 설정하여 처음부터 잘 평가받고 시작하는 것이 최고의 전략이다. 어떤 금액이 한 번 결정되고 난 후 시작하면 어렵다.

나쁜 이의신청 예시와 이의신청서 작성 꿀팁

감정평가사는 보상평가(행정소송 포함)를 할 때 피수용자 및 피수용자의 대리인(변호사, 행정사)으로부터 다양한 이의신청서, 감정의견서를 받는다. 감정평가사는 자신이 행여 놓친 부분이 있을까 싶어서 혹은 평가 시 반영해야 할 만한 사안이 툭 튀어 나올 때 고민한다. 감정평가사는 '평가 그 자체'에 논란이 있을 만한 애매한 사안을 볼 때 고민한다. 따라서 이의신청서는 그런 방향으로 작성되어야 효과가 있다.

가장 나쁜 이의신청서 11가지 유형

부동산 평가액을 더 잘 받기 위해 이의신청서나 감정의견서 등의 서류를 작성해야 한다면, 다음에 나와 있는 11가지 유형을 피하길 바란다. 내가 받았던 이의신청서 중 가장 보기 안 좋고 반영해줄 수도 없는 유형들을 정리했다. 피수용자가 나름대로 열심히 썼는데 반영을 할 수 없다면 그것은 '나쁜 의견서(이의신청서)'이다. 평가사들 대부분이 나와 비슷한 생각을 할 테니 이의신청서를 작성할 때 지양해야 할 것이다.

헌법 제23조 제3항 정당보상, 정당보상!

'보상금증액(높은 보상금) = 정당보상'에 동의하는 평가사는 없다. 각종 이의신청서에 매우 자주 등장하는 문구인데, 이것을 기재하는 것이 잘못되었다는 것이 아니라 논거가 부족해서 문제가 된다. 보상금이 낮기 때문에 정당보상에 위배된다는 것이 주를 이룬다. 이때는 구체적인 논거가 필요하다.

조상님 볼 면목 없다 등 밑도 끝도 없는 읍소

의외로 자주 보는 레퍼토리이다. 내가 개인적으로 죽어서 조상님을 볼 면목 등을 생각하면서 사는 사람이 아닌 것은 별개로 치고, 편히 쉬고 계신 조상님이 후손이 받은 감정평가로 분노하여 내 얼굴 볼 생각 마라 하실까 싶어 의아함이 드는 것도 차치하고, 조상님 볼 면목이 없다는 것은 핵심을 시원하게 비켜가는 읍소에 불과하다.

본건과 비교 가능성 없는(불필요한) 실거래 나열

솔직한 심정으로 안타깝다. 고생해서 수집한 자료들이 모두 초점을 벗어나 있는 경우 감정평가사는 고민하지 않게 된다. 감정평가사를 고민하지 않게 하는 이의신청서는 나쁜 이의신청서이다.

엉망으로 해석한 토지 특성

화려한 문체로 표준지 그리고 본건과 사례의 토지 특성을 엉망으로 해석한 이의신청서가 있다. 본인이 원하는 대로 평가를 해주면 오히려 그에게 해가 되니 보지 않는 것이 그를 위한 길이다.

본건의 개별적 사안을 무시한 복사, 붙여넣기한 이의신청서

정말 많다. 이름만 바꿔서 보낸 복붙 이의신청서로 무성의의 극치이다. 당연히 패스한다.

욕설, 협박

이 책에 '감정평가사도 감정이 있습니다'라는 편이 별도로 있다. 차분히 이의신청서를 읽어보려고 마음잡고 앉았는데 욕을 먹으면 기분이 좋을 리가 없다. 이면지함(종이를 아껴씁니다)으로 직행한다.

거짓말(없는 평가전례 등을 제시)

이의신청서에 대상 부동산 감정평가에 적용 가능할 것 같은 평가전례가 제시되어 있으면 감정평가사는 그것의 존재를 확인한다. 감정평가전례 전산망에서 아주 쉽게 확인할 수 있다. 거짓의 평가전례를 제시하는 것은 절대로 좋은 방법이 아니다. 금방 확인된다('옆집은 얼마 받았대요'라는 카더라도 맞지 않는 경우가 더 많다).

받쳐주는 증거(가격자료) 없이 원하는 보상금 기재

밑도 끝도 없는 희망 보상가액을 턱 기재하고 아무런 논거의 제시 없이 '최소한 이 정도는 나와야 한다'는 이의신청서도 반영해줄 수 없다.

개인의 인생사 및 가족사

이북이 고향인 아버지가 월남하셔서 갖은 고생 끝에 마련한 집 한 채라고 구구절절 밝히는 가족사, 오형제가 오순도순 자란 추억이 깃든 집 등의 개인사를 적는 것은 강제수용을 당하는 안타까운 처지와 억울함을 표현하는 차원에서 이해가 가지만 안타깝게도 연민으로 감정평가액을 조정할 수는 없는 노릇이다.

본건 토지평가와 무관한 가족사, 인생사, 1972년 결혼사진 등으로 채운 이의신청서는 바람직하지 않다. 꼭 써야 한다면 '결어' 정도에 간단히 기재하는 것이 적당하다. 사진을 첨부할 때는 해당 부동산의 사진(리모델링 전/후, 건축물대장상 근린생활이지만 실제로는 주택인 경우 등 공적 장부와 현황이 다른 경우 해당 사진)을 넣는다.

셀프 감정평가

간혹 평가 논리를 개발하여 아전인수 격으로 셀프 감정평가를 하여 제출하는 이의신청인이 있다. 감정평가는 관련 법률에 근거하여 시행되는 것으로, 감정평가기법의 큰 틀을 부정하고 가정에 가정을 더한 셀프 평가는 반영해줄 수 없다.

귀에 걸면 귀걸이, 코에 걸면 코걸이

서울 강남구에 소재하는 상업지인 A토지의 이의신청서라고 해도 말이 되고, 강원도 삼척시에 소재하는 임야인 B토지의 이의신청서라고 해도 그런가 보다 싶은 아무 곳에나 갖다 붙여도 말이 되는 의견도 많다. 대리인을 통한 경우에 주로 발생한다. 실제 가격 수준에 비하여 터무니없다, 부당하다고 20번 적시하면서 정작 논거가 되는 실제 가격 수준은 제시하지 않는다. 그리고 나서 자꾸 의견서 내용을 반영해서 평가하라고 요청하는데 반영해줄 내용이 없으므로 반영해줄 수 없다.

감정평가사가 알려주는 이의신청 꿀팁

다음 내용은 현직 감정평가사/보상전문행정사가 바람직한 이의신청 작성의 꿀팁으로, 활용하시어 건승하길 바란다.

실거래 신고 가격, 감정평가전례 수집

내가 왜 통보받은 보상금액에 불복하는지 내 부동산의 소재지를 중심으로 광역적으로 가격 증거를 수집하여 불복의 근거를 마련한다. 여기서 '가격 증거'란 명명백백히 존재하는 동네의 비슷한 부동산의 실거래 신고 가격, 감정평가전례를 말한다.

다만 수집해야 할 사례는 내 부동산과 '유사 부동산'의 가격자료여야 한다. 사실 '유사부동산'이라는 표현이 다소 광범위할 수 있다. 하지만 내 부동산은 단독주택(토지+건물, 복합부동산)인데 빌라(구분건물) 거래사례를 수집하면 곤란하다고 생각하면 쉽다. 또한 최소한 용도지역*은 같은 사례를 수집해야 한다. 조금 더 세밀하게는 문제시되는 공익사업의 절차와 법령을 검토하여 내 부동산 가격과 어느 정도 치환이 가능할 만한 사례를 수집해야 한다.

* 용도지역: 토지의 이용 및 건축물의 용도·건폐율·용적률·높이 등을 제한함으로써 토지를 경제적·효율적으로 이용하고 공공복리의 증진을 도모하기 위하여 서로 중복되지 아니하게 도시관리계획으로 결정하는 지역을 말한다. 〈국토의 계획 및 이용에 관한 법률(국토

계획법)〉 제6조는 국토를 토지의 이용실태 및 특성, 장래의 토지이용 방향 등을 고려하여 ①도시지역 ②관리지역 ③농림지역 ④자연환경보전지역의 4종류의 용도지역으로 구분한다. 그리고 도시지역은 주거지역, 상업지역, 공업지역, 녹지지역으로, 관리지역은 보전관리지역, 생산관리지역, 계획관리지역으로 구분하여 도시관리계획으로 지정한다(국토계획법 제36조). 다시 주거지역은 전용주거지역, 일반주거지역, 준주거지역으로, 상업지역은 중심상업지역, 일반상업지역, 근린상업지역, 유통상업지역으로, 공업지역은 전용공업지역, 일반공업지역, 준공업지역으로, 녹지지역은 보전녹지지역, 생산녹지지역, 자연녹지지역으로 세분하여 지정할 수 있다(시행령 제30조).

용도지역 안에 공공의 안녕질서와 도시기능의 증진을 위하여 국토교통부장관 또는 시·도지사는 경관지구, 고도지구, 방화지구, 방재지구, 보호지구, 취락지구, 개발진흥지구, 특정용도제한지구, 복합용도지구의 용도지구를 지정할 수 있다(국토계획법 제37조). 또한 개발제한구역, 도시자연공원구역, 시가화조정구역, 수산자원보호구역을 지정할 수 있다(동법 제38~40조).

국토교통부장관, 시·도지사, 시장 또는 군수는 ① 녹지지역 또는 계획관리지역으로서 수목이 집단적으로 생육되고 있거나 조수류 등이 집단적으로 서식하고 있는 지역 또는 우량농지 등으로 보전할 필요가 있는 지역, ② 개발행위로 인하여 주변의 환경·경관·미관·문화재 등이 크게 오염되거나 손상될 우려가 있는 지역, ③ 도시기본계획 또는 도시관리계획을 수립하고 있는 지역으로서 당해 도시기본계획 또는 도시관리계획이 결정될 경우 용도지역·용도지구 또는 용도구역의 변경이 예상되고 그에 따라 개발행위허가의 기준이 크게 달라질 것으로 예상되는 지역, ④ 지구단위계획구역으로 지정되어 지구단위계획을 수립하고 있는 지역, ⑤ 기반시설부담구역으로 지정되어 기반시설부담계획을 수립하고 있는 지역의 경우 도시계획위원회의 심의를 거쳐 1회에 한하여 3년 이내의 기간 동안 개발행위허가를 제한할 수 있다(동법 제63조). (출처: [네이버 지식백과] 용도지역 [用途地域] (두산백과))

개별 부동산의 특성 분석

해당 공익사업 등의 성격과 개별 부동산의 물적 특성을 면밀히 분석하여 해당 보상가액을 산정할 때 반드시 고려하거나 하지 말아야 할 사안을 제시한다. 간단한 예를 들면, 토지의 경우 공시지가기준법을 적용하므로 비교표준지보다 내 토지가 우세한 점을 부각하면 좋다. 접면도로의 상태(12M 노폭의 왕복 2차선 도로 등), 접면너비, 형상(토지의 생김새), 현재 이용상황 등 다각도로 비교해본다. 또한 여러 필지를 보유하고 있는 경우, '일단지'*로 감정평가를 받을 수 있는지 살펴봐야 한다. 판례 중에는 일단지 판단의 과정을 구체적으로 판시한 대법원 2019. 10. 17. 선고 2019두46398 판결 중 특히 아래 판시내용을 참고하면 도움이 될 것이다.

* 일단지: 판례는 "구 「가격공시 및 감정평가에 관한 법률」(2016. 1. 19. 법률 제13796호로 전부 개정되기 전의 것) 제31조의 위임에 따른 구 「감정평가에 관한 규칙」(2012. 8. 2. 국토해양부령 제508호로 전부 개정되기 전의 것) 제15조 제1항은 '평가는 대상물건마다 개별로 행하여야 한다. 다만 2개 이상의 대상물건이 일체로 거래되거나 대상물건 상호간에 용도상 불가분의 관계가 있는 경우에는 일괄하여 평가할 수 있다'라고 규정하고 있다. 따라서 2개 이상의 토지 등에 대한 감정평가는 개별평가를 원칙으로 하되, 예외적으로 2개 이상의 토지 등에 거래상 일체성 또는 용도상 불가분의 관계가 인정되는 경우에 일괄평가가 허용된다. 여기에서 '용도상 불가분의 관계'에 있는지 여부는 일단의 토지로 이용되고 있는 상황이 사회적·경제적·행정적 측면에서 합리적이고 그 토지의 가치형성적 측면에서도 타당하다고 인정되는 관계에 있는 경우를 뜻한다."고 판시하고 있다(대법원 2017. 3. 22. 선고 2016두940 판결 등 참조).

대법원 2019. 10. 17. 선고 2019두46398 판결 중 "일단지 판단"에 대한 부분

① 지적 공부상 여러 필지로 구분되어 있는 토지가 용도상 불가분의 관계에 있어 일단을 이루어 함께 이용되고 있거나 그와 같은 이용이 확실시되는 경우 그 여러 필지의 토지를 '일단의 토지(일단지)'

라고 하는데, 이와 같이 여러 필지의 토지가 일단을 이루어 이용되는 것은 토지의 합리적, 최유효 이용의 결과로 볼 수 있으며, 그 경우 거래도 일체로서 이루어지는 것이 일반적이므로, 보상액 평가의 경우에도 이를 반영하여 1필지의 토지로 보아 평가하는 것이 거래 현실에 부합하고, 이와 달리 지적 공부상 개별 토지로 보고 평가하는 경우에는 부당하게 낮거나 높은 가격으로 평가될 수 있는 문제를 야기하는 점, ② 이 사건 각 토지는 그 소유자가 원고로 동일하고, 그 용도지역 및 지목도 근린상업지역 내의 대지로 동일하며, 수용재결 당시 나대지의 상태로 이를 함께 이용하는 데에 아무런 장애가 없었던 점, ③ D 토지는 '╝'의 부정형이고 그 면적이 74.1㎡로 좌측 세로의 폭이 약 4m, 우측 상단 가로의 폭이 약 4.5m로 협소하고, E 토지는 '□'의 장방형이나 그 면적이 38㎡로 세로의 폭이 약 5.5m, 가로의 폭이 약 7.5m로 협소하여, 위 각 토지를 별개로 이용하는 경우 가로조건, 획지조건 등 개별요인이 불리해져 그 효용도가 현저히 떨어지는 반면 위 각 토지를 함께 이용하는 경우 그 형태가 '▭'의 가로장방형으로 개선되고, 그 면적도 112.1㎡로 증가하는 점(아울러 무분별한 토지분할로 인한 국토의 난개발을 막고 토지분할을 수단으로 한 부동산 투기를 방지하기 위하여 건축법 제57조 제1항, 건축법 시행령 제80조에서 정한 분할제한면적은 상업지역의 경우 150㎡, 주거지역의 경우 60㎡인데, 이 사건 각 토지는 상업지역의 분할제한면적보다 좁고, E토지는 주거지역의 분할제한면적보다 좁다) ④ 실제로 이 사건 각 토지를 별개로 이용하는 경우 D 토지에 층별 약 44.5㎡, E 토지에 층별 약 22.8㎡의 각 건물을 신축할 수 있는 반면, 이를 함께 이용하는 경우 층별 약 67.3㎡의 건물을 신축할 수 있는 것으로 보이는데[국토의 계획 및 이용에 관한 법률 제77조 제1항 제1호 (나)목, 같은 법 시행령 제84조 제1항 제9호, 서울특별시 도시계획 조례 제54조 제1항 제9호에서 정한 근린상업지역의 최대 건폐율 60% 적용], 만일 위 각 토지에 복층 건물을 별개로 신축하는 경우 복도, 계단 또는 승강기 등을 설치함에 따라 실제 상가 등으로 이용 가능한 면적은 더 줄어들거나 사실상 복층 건물의 신축 자체가 곤란할 것으로 보이는 점, ⑤ 앞서 본 사정 등에 비추어 이 사건 각 토지는 일단을 이루어 함께 이용될 것이 확실시되고, 그 거래도 일체로서 이루어질 것으로 보이며, 종전에 위 각 토지가 별개로 이용되었다는 사정만으로 이와 달리 보기 어려운 점, ⑥ 나아가 원고는 2003년 3월경 D 토지 및 그 지상 건물을 취득한 다음 이 사건 주택재개발정비사업에 관한 재정비촉진지구의 지정이나 사업시행인가에 앞서 E 토지 및 그 지상 건물을 취득하였는데, 이는 D 토지가 부정형으로 그 형상이 불리한 점을 감안하여 E 토지와 합병한 후 건물을 신축하는 등으로 그 이용상황 등을 개선하기 위한 것으로 보일 뿐 이 사건 주택재개발정비사업의 진행 과정에서 보상금의 증액 등을 위한 의도로 E 토지 등을 취득한 것으로 보이지는 않는 점 등을 종합하여 보면, ⑦ 이 사건 각 토지는 일단의 토지로 이용되는 것이 사회적·경제적·행정적 측면에서 합리적이고 위 각 토지의 가치 형성적 측면에서도 타당하다고 인정되므로, 그 용도상 불가분 또는 거래상 일체성의 관계가 인정되는 경우에 해당하여 이를 일괄평가 함이 상당하다.

구분건물의 경우 특히 재건축·재개발 구역에서는 '대지권 평당 얼마'로 거래되는 관행이 있음에 착안해야 한다. 실제로 노후한 건물의 사용/교환가치가 미미(어차피 곧 철거 후 신축할 것이므로 대지지분 많은 것이 최고)하므로 대지권 크기의 대소가 가치에 잘 반영되었는지 따져야 한다.

감정평가기법 파악

개별사업별로 법에 규정된 감정평가기법 외에도 변형하여 적용 가능한 기법들이 있다. 법률에 감정평가기법이 명백히 규정(주 방식)되어 있는 경우라도 다른 기법(부 방식)으로 타당성을 검증할 수 있으므로 각 방식 적용 시뮬레이션을 통해 유리한 방법을 찾아볼 필요가 있다. 일단은 내 부동산에 주 방식으로 적용되는 감정평가기법은 알고 있어야 한다.

조건설정 및 제시

소송감정에서 주로 활용하는 방법인데 평가조건을 설정해 제시하는 것이다. 사안을 살짝만 틀어내 조건을 적절히 설정해서 획기적인 결과를 받았던 사례가 많다. 제대로 된 조건 설정은 아름답다. 다만 제시하는 감정평가의 조건은 합법적·합리적이며 객관적이고 실현가능성이 있어야 한다. 얼토당토않은 감정조건을 내걸었다가 오히려 감정평가반려 또는 감정평가사의 조건설정불가 회신이라는 역풍을 맞을 수 있고, 그 경우 재판부의 인식이 좋지 않게 변할 수 있으니 주의해야 한다.

감정평가에 활용이 가능한 통계자료의 제시

사건별, 연도별, 지역별, 용도지역별, 개별특성별 통계자료를 적절히 본건에 접목시킨다. 일례로 나는 서울 강남의 유명 재건축아파트를 몇 달 사이에 두 번 감정평가를 한 적이 있는데, 두 번째 평가 당시 8개월 전 평가 당시보다 가격이 10억 원 이상 상승하는 바람에 평가서를 작성하는 데 무척 애를 먹었다.

가격이 상상을 초월하는 수준으로 치솟고 있는 상황에서는 단순히 그 동네 아파트 가격지수로만 고려해서는 요동치는 현실의 가치를 반영할 수 없다. 그래서 대안지수를 접목하여 평가했다. 해당 논리를 활용한 감정평가는 재건축 매도청구소송의 많은 법원감정인에게 인정받아서 수많은 의뢰인에게 큰 도움이 되었다.

유사사건 확보 및 결과 제시

나의 사건에 적용이 가능한 유사사건에서 관철된 평가방법 및 결과를 수집하여 제시한다. 다른 감정인의 의견과 논리를 활용하는 것도 좋다. 추후 감정평가액(보상금)을 올리는 것 혹은 내리는 것이 목표라면, 철두철미하게 이의신청서를 준비해야 한다. 앞서 말했듯이, 가장 좋은 방법은 가만히 감정평가 결과를 기다리다가 결과를 보고 깜짝 놀라서 이의신청을 하는 것이 아니고, 감정평가가 진행된다고 할 때 먼저 '감정의견서'를 제출하는 것이다. 예방접종을 하는 것이다. 첫 단추부터 잘 꿰는 것이 가장 좋다.

도대체 무슨 말을 해야 할까?

의뢰인들이 자주 하는 하소연이 있다. 평생 살아온 내 집을 억지로 뺏기는 것도 억울한데 막상 사업시행자에게는 어떤 것을 확인하고 요구해야 할지, 보상가액을 결정하는 감정평가사를 만나면 뭘 물어봐야 하는지 뭘 준비해서 줘야 되는지 모르겠다는 것이다.

내 부동산 설명이 이렇게 어려울 줄이야

하고 싶은 말은 많은데 막상 "알아서 잘 해주세요, 잘 부탁합니다"라는 말밖에 안 나와서 답답하다고 한다. 나도 그 심정 충분히 이해한다. 내가 감정평가사이지 세무사가 아니기 때문에 세금 문제에서 젬병인 것과 무엇이 다른가. 다음 내용은 네이버 지식인에서 본 질문이다.

질문자: 저는 매도청구소송의 피고(부동산소유자)인데 판사가 감정 대상물에 대한 특이사항이 있으면 제출하라고 합니다. 그런데 어디까지가 특이사항이고 무엇을 조사해서 제출해야 되나요?

하! 이 사건의 피고는 정말 멋진 판사님을 만난 것이다. 매도청구소송을 '당하여' 자신의 부동산을 팔아야만 하는 피고에게 "자(가만히 있지 마시고), 당신의 부동산에 대해(가격이 높아야지 본인에게 좋으시지요? 그렇다면 왜 가격이 높아야 하는지) 자료 제출하세요(그래야 반영 여부라도 판단할 것 아닙니까)"라고 기회를 준 것이니 말이다.

재판부에서 저렇게 친절하게 특이사항을 제출하라고 하지 않더라도 부동산 소송을 당하면 스스로 자신의 부동산이 왜 가치가 높은지 혹은 낮은지 '전문적으로' 밝히고 강력하게 적극적으로 주장해야 한다고 누차 강조한다.

그런데 소송을 당한 피고는 심지어 재판장이 저렇게까지 힌트를 주는데도 부동산에 대한 특이사항이 무엇인지 막막하여 네이버 지식인에 묻게 된다. 이렇게 안타까울 수가 있나. 이런 사람은 막상 감정인을 만나도 정리되지 않은 주장, 질문으로 횡설수설할 가능성이 높다.

어쩌면 너무도 당연한 일이다. 굉장히 희소한 수술을 받아야 하는 직장인 환자가 전문 집도의에게 "저는 이런 약물이 맞지 않습니다. 마취할 때 이건 빼주시고요. 대신 대체약물로서 xx를 10ml 넣어주세요. 제가 이번 수술로 바로 영향을 받을 ○○○○라는 기저질환이 있거든요. 그래서 절개 부위는 이쪽 대신 저쪽으로 하셔서 어쩌고저쩌고…"라고 말할 전문 지식이 있겠느냐는 것이다.

내 토지는 몇 평이고, 집 내부는 2년 전에 새로 도배를 했고, 주소는 어디고… 하는 특이사항 아닌 특이사항을 가격전문가인 감정인에게 제출한다면 그게 과연 가격 상승에 도움을 줄까? 이것은 마치 "음… 저는 통증을 싫어하니까 안 아프게 해주시고요. 성별은 남성이고요. 손가락은 10개입니다…. 아무튼 제가 드린 정보를 잘 고려해서 수술 잘 해주세요!" 하는 것과 같다. 아무 정보도 아닌 것이다.

감정평가를 대비했던 사례

서울 서초구 소재하는 고급 단독주택의 소유주가 부동산감정평가가 핵심인 소송을 당했고 종전자산감정가액이 너무 낮아 우려하던 차에 사감정을 의뢰했다. 다음은 현장에서 만난 의뢰인과 나눈 대화이다.

의뢰인: 앞으로의 과정이 어떻게 되나요? 누구를 언제 만나게 되고, 그들에게 무엇을 묻고 요구해야 하나요?

박평: 곧 소송감정인이 현장조사를 나옵니다. 강조하셔야 할 내용은 이러쿵저러쿵이고요. 우리 토지 현황이 실은 어쩌구저쩌구거든요. 이렇게 설명해야 하고요. 저는 서초구청에 정보공개청구신청해서 ☆☆◎◎을 확인하겠습니다.

의뢰인: 휴, 평가사님께서 이렇게 친절히 설명해주시는데도 참 막막하네요. 용어도 낯설고 평생 살면서 이런 일을 겪어봤었어야지요.

박평: 아, 네, 염려하지 마세요. 제가 감정평가서에 관련 내용을 기재할 것이고요. 제가 확인한 서류들도 모두 공유해드릴 것입니다. 소유자께서 어느 정도 내용은 알고 계시는 것이 좋아서 말씀드리는 것뿐이에요.

의뢰인: 도와주셔서 정말 감사해요. 전문가들 상대로 뭘 어떻게 주장해야 되는지…. 거 참… 내 집, 내 재산 지켜내는 게 너무 어렵네요.

내 집이 분쟁의 대상이 되면서 권리 관계가 깨끗했던 내 등기부에 가처분이 걸려버린다. 상대 측에서 내 집에 대한 나의 권리행사를 원천 봉쇄 시키면서 게임을 시작한다. 기분이 나쁠 뿐만 아니라 '어라, 이런 것이 진짜 가능하구나' 싶어 놀라기도 하고 왠지 기세가 한 풀 꺾인다.

소송에서 감정평가가 필요한 경우 가격을 결정하는 법원감정인은 조합과 피고 사이의 중립적인 위치에 있다. 판사의 기능을 하는 것이다. 나서서 한쪽 편을 들어줄 수가 없다. 앞의 네이버 지식인 질문자가 피고가 된 매도청구소송에서 법원감정인은 조합(원고)과 질문자(피고)가 각각 제출하는 감정평가에 관한 의견을 참고하고 그 지역 내 존재하는 가격자료를 기반으로 중립적인 감정평가를 할 것이다.

따라서 판사 역할을 하는 감정평가사에게 평가를 받을 일이 생긴다면 나를 도와줄 변호사 역할을 하는 감정평가사를 찾아야 한다. 부동산 감정평가는 고도의 전문 분야이기 때문이다. 아프면 의사 만나서 진료 받는 것과 같이 무슨 일이 일어나면 나를 도와줄 그 분야의 전문가부터 찾아야 한다.

감정평가사에게 하면 위험한 말, 말, 말!

자신의 부동산 감정평가액(보상액)을 높이고 싶어 하는 의뢰인, 피수용자들이 꼭 알아두어야 하는 주의사항이 있다. 즉, '감정평가사에게 하면 안 되는 말', '오히려 역효과를 초래하는 말'로 감정평가사 앞에서 꼭 피해야 하는 말들이다.

다음에 정리된 대화들은 내가 현장을 방문해 소유자를 탐문하면서 '저런 말은 안 하는 것이 낫겠다'고 생각했던 대화 혹은 피수용자의 편을 들어주어야 할 소유자 추천 감정평가사의 등골을 오싹하게 만드는 말들을 몇 가지 정리한 것이다.

지금 가격을 내려달라는 요청을 하고 계십니다

1. 환가성이 떨어지는 것을 강조하는 말

의뢰인: 제 부동산은 아무나 못 사요, 아무나 못 산다고요! 특수목적 부동산이라 ○○법인격을 갖춰야만 구매가 가능한 '스페셜한 자산'이라고요. 그러니까 가치가 높아야 마땅하지요!

감정인 속마음: 한정시장(매수자, 매도자가 한정된 시장)이로구나. 당신 말대로 아무나 못 사는 자산이네. 환가성이 떨어지므로 감가사유!

2. 광평수 감가를 부추기는 말

의뢰인: 내 부동산이 있는 ○○동뿐만이 아니라 옆 동네, 옆옆 동네는 물론이고 인접 시·군·구를 통틀어 이렇게 큰 땅이 없어요. 조사해봤는데 이 땅이 제일 큰 땅입니다. 이렇게 면적이 넓은 땅을 찾는 것 자체가 힘들다고요. 당연히 평단가도 높아야지요!

감정인 속마음: 표준적인 규모를 훨씬 상회*하는구나. 인접 시·군·구에도 비슷한 규모가 없다면 광평수 대체지도 없단 말이네. 매매체결 가능성이 더 떨어지겠다. 광평수 감가보다 좀 더 감가해야겠는걸(*평가사들은 일반적으로 인근 지역 내 표준적인 면적 이상의 면적인 부동산을 평가 시 광평수 감가를 염두에 둔다).

3. 감정평가사에게 의심의 눈초리를 받게 되는 말

의뢰인: 거래사례 ◯◯동 ◯◯번지로 그 밖의 요인 비교치 산정해주세요.

감정인 속마음: 흠, 그래? 왜 이걸 꼭 집어서 써 달라는 거지?(의심×10000) 이 거래사례가 사정개입이 없는 채택이 가능한 정상사례인가? 한 번 조사해봐야겠는걸?

특정 사례를 지정해서 그 밖의 요인 비교치를 산정해 달라, 거래사례비교법의 사례로 선정해 달라는 등의 요구는 오히려 감정인이 제시받은 거래사례의 체결 정황을 확인하는 과정에서 비정상사례로 인식하고 가격 수준을 파악하는 사례에서도 배제해버릴 가능성도 있다. ◯◯번지 매매사례를 알고 있는데 평가 시 고려해달라 정도로 요청하는 것이 바람직하다.

4. 감정인의 귀를 닫게 하는 말

의뢰인: 제가 생각하는 시세는 50억 원입니다. 근데 종전자산 평가액은 10억 원이 나와서 불만입니다.

감정인 속마음: '소유자의 주관적 가치'가 지나친 경우로구나(*공익사업을 위한 토지 등의 취득 및 보상에 관한 법률 제70조 제2항 ② 토지에 대한 보상액은 (중략) 토지소유자나 관계인이 갖는 주관적 가치 (중략) 등은 고려하지 아니한다).

나는 이런 경우 소유자의 말을 더 이상 안 듣는다. 괴리가 너무 커서 시작도 안 하는 것이다. 또는 불행히도(?) 업무포기가 불가능한 경우(공적업무 시) 소유자의 너무나 주관적인 의견은 배제하고 알아서 가격을 결정한다. 소유자 의견은 어느 정도 합리적인 선에서 근거를 대며 주장할 때 고려할지 여부를 판단한다. 어떤 소유자들은 자신의 기대치가 매우 높다는 것을 감정인에게 주입시키고자 일종의 윽박지르기 전략으로 처음부터 얼토당토않은 가격을 주장한다. 그런 주장은 실수이다. 감정인이 그 순간부터 귀를 닫아버리기 때문이다.

5. 내뱉은 정보가 독이 되는 말

의뢰인: 2년 전에 2억 원에 낙찰 받았어요(후후). 하지만 지금 시세는 20억 원이 넘어요.

감정인 속마음: 진짜라면 부럽다. 근데 당신은 내가 빙다리 핫바지로 보이냐?(영화 타짜에서 아귀가 밑장 빼다 걸린 고니에게 한 대사)

감정인은 '존재하는 가격'의 균형을 중시한다. 본건 및 인근의 실거래 신고 금액, 낙찰가액, 다양한 목적으로 존재하는 평가전례 등을 파악하는 이유가 거기에 있다. 실존 가격의 균형을 크게 흔들지 않는 선에서 근거가 받쳐주는 감정 금액이야말로 누구에게라도 설득력 있고 타당하기 때문이다. 가사 소유자가 주장하는 매우 높은 시세가 어느 정도 타당하더라도 본건 낙찰가액의 격차가 현저한 경우, 가격 균형이 너무 헝클어져 있어 감정인은 고민에 빠지며 가격을 내리고 싶은 욕구에 빠지게 된다.

6. 역효과를 불러일으키는 말

의뢰인: 이거 얼마 전에 10억 원에 팔라고 했던 건데도 안! 팔았던! 거예요! 그러니까 시세가 10억 원은 되는 거죠. 근데 보상가가 6억 원이 뭡니까!

감정인 속마음: 그 가격에 매매가 안 되었구나!

결국 가격이 존재하지 않는다는 것이다. 물론 인근에 비슷한 수준의 가격자료가 있으면 모를까. 이런 경우 대체로 주변에 존재하는 시세 또는 평가전례가 소유자 말에 의한 수년 전 '팔았을 수도 있었을 수도 있었을 가격'을 받쳐주지 못해서 문제이다. 결국 억지주장이 되어 '4'의 역효과가 날 수도 있다!

7. 감정인이 가격을 낮추고 싶게 만드는 말

의뢰인: 여기서 나오는 임대 수익이 월 200만 원이에요. 수익성으로 부동산 가격 계산을 해주셔야지요. 이 정도 수익이면 적어도 15억 원은 돼야 하지 않아요?

감정인 속마음: 임대수익이 엄청 적구나. 수익가격이 너무 떨어지네. 평가액을 낮춰야 되겠다.

부동산이 내는 수익(임대료)을 기준으로 감정평가액을 산정하는 평가방법이 있다. 수익환원법이다. 그 방법으로 산정한 가격을 수익가격이라고 한다. 그런데 보상 지역에서는 대부분의 경우 수익가격이 감정인이 생각하던 적정 가격을 못 쫓아온다. 위의 피수용자는 감정인이 내려던 가격에 비해 수익가격은 한참 떨어지고 있다고 말하는 것이다. 감정인은 가격을 낮추고 싶어진다.

의뢰인의 팀 킬, 제발 그런 말 좀 하지 마오

부동산 소유자가 속사포처럼 이야기할 때 감정평가사가 침묵하며 듣고 있다고 그(그녀)가 당신의 말에 수긍하고 있다고 착각하면 안 된다. 감정평가사는 평가에 필요한 정보만을 듣고 있으며 머리로는 무엇을 어떻게 적용해야겠다는 계산을 하고 있다.

감정평가사는 바보가 아니다. 밥 먹고 평가만 하는 사람들이다. 가격수집능력 및 개별부동산 분석 능력은 일반인보다 월등히 뛰어나다. 그런 전문가 앞에서 너무 억지를 부리면 더 이상 듣지 않게 된다. 앞서 감정평가사에게 하면 불리한 말에 대해 몇 가지 사례만 제시했다. 현장에서는 무척이나 다양한 형태로 치고 들어오는 부동산 소유자들을 향해 "안 돼, 제발 그 말만은 하지 마세요!"라고 가슴속으로 외치는 경우가 많다.

현금청산자를 대변해야 하는 소유자 추천 감정평가사는 사업시행자 및 사업시행자 측 감정평가사와 다 같이 모인 자리에서 현금청산자들이 불리한 주장을 할 때 머리가 지끈거린다. 도저히 책에는 공개하지 못할, 그 자리에서 미쳐버릴 뻔했던 일화가 수십 개가 넘는다. 아무 말 대잔치는 오히려 낫다. 자신의 부동산 가치를 깎아먹을 주장이나 요청이 문제이다. 부디 미리 감정평가 전문가와 상의를 하기 바란다. 경험칙에 근거해 진심 어린 조언을 하자면 정말이지 억지스런 주장은 안 하는 것보다 못하다.

억울하다는 그 말

아마 의사는 일하는 과정에서 사람들에게 '아프다'라는 말을 가장 많이 들을 것 같다. 감정평가사는 특히 보상 현장에서는 '억울하다'라는 말을 가장 많이 듣는 것 같다. 물론 아프니까 아프다고 하고 억울해서 억울하다고 하는 것이지만, 솔직히 그 말을 매일 듣는 사람 입장에서는 그 말에 대한 내성이 생긴다. 누구나 똑같은 말을 하니까. 허리가 아플 때 그냥 아프다, 아프다 하면서 의사의 공감대를 얻어낸다고 요통이 낫지 않는다. 문제를 해결하려면 MRI 촬영을 해서 어디가 구체적으로 어떻게 아파서 어떤 치료가 필요한지 파악해야 한다.

토지보상 또는 감정평가와 관련한 이의신청을 하는 때는 감정평가사가 항상 어딘가에서 누군가에게 억울하다는 하소연을 듣는 사람들이라는 것을 기억하자. 말하는 사람이 진심으로 억울하다고 말했기 때문에 그(그녀)의 억울함이 전달되었을 것이라고 생각할 수도 있겠지만 말보다는 무조건 글이 낫다. 그래야 감정평가사도 차분히 읽어볼 수 있다.

억울하다면 왜, 무엇 때문에, 어떻게 억울한 것인지 그래서 감정평가에서 어떻게 반영되어야 하는지 조목조목 차분히 글로 정리해서 제출하는 것을 추천한다. 막상 감정평가사를 만나면 하려고 했던 말을 다 하지 못하고 또 감정평가사가 설명해달라고 해도 우왕좌왕하는 경향이 있기 때문이다. 나중에 반드시 하지 못한 말이 떠올라 이불 킥을 하게 된다.

사감정을 추천하는 이유

많은 재개발·재건축, 보상 전문 변호사, 행정사가 의뢰인에게 사감정을 추천한다. 사감정을 받아서 활용하라는 칼럼이나 인터넷 기사도 많다. 감정평가업계에서는 사감정이라는 용어를 쓰지는 않는데, 보상금 불복 시장이나 감정평가를 잘 받기 위한 영역 등에서 '개인이 돈을 내고 감정평가를 한다' 정도의 의미로 통용되고 있다. 아마도 감정평가가 주로 정부, 금융기관, 법원, 회사 등에서 많이 활용하는 서비스이고, 부동산 소유자라도 개인은 주로 감정평가를 당하는 입장이다 보니 사적으로 감정평가를 하는 수요에 대해서 사감정이라고 통칭하게 된 것 같다.

왜 상대편에게 유리하게 평가하는 걸까?

어느 날 부동산 감정평가 금액이 문제시되는 소송 중에 1심에서 법원 감정평가가 나왔는데 시세에 비해 너무 저가평가되었다고 하소연하는 연락을 받았다. 억울해서 재감정 신청을 하려고 하는데 근거자료도 없고 아무도 피고들의 항변을 들어주지 않는다고 했다. 유선상으로도 상대방의 답답한 한숨이 그대로 전달되는 것 같았다. 의뢰인은 법원감정인이 상대편이 주는 돈을 챙기고 평가액을 최대한 낮춘 것 같다고 했다. 아마도 평가사가 뇌물을 받고 일 처리를 하지 않았을까?라는 생각이 들 정도로 낮은 가격이라는 말일 테다. 그러나 내 생각은 다르다. 법원감정인은 '존재하는 가격'에 근거하여 평가한 것뿐이다. 요즘 같은 시대에 뒷돈이라니. 여기서 만약 문제가 있다면 공익사업/재개발·재건축 등 상대가 정부, 조합 등으로 덩치가 큰 경우에는 다음과 같은 문제가 있다.

ⓐ 단지 그 동네 존재하는 가격이란 것이 상대 측(조합 등)에서 이런저런 사유로 평가하며 만들어진 평가전례가 대부분이다.

ⓑ 의뢰인이 법원감정평가가 자신들의 기대를 충족하는 수준으로 나올 것이라고 안일하게 기대하며 아무런 대응을 안 했다.

원고와 피고가 부동산 가격을 놓고 치열하게 다투는 상황에서는 법원감정인이 나서서 누구 편을 들어주지는 않는다. 그러나 결론적으로는 ⓐ, ⓑ의 사유로 도출된 감정평가액이 마치 사업시행자에게 유리하게 평가된 것처럼 보여서 법원감정인 뒷돈 수령설이 탄생하는 것 같다.

감정평가사의 가격과 일반인의 가격은 다르다

재개발·재건축 전문 변호사, 행정사는 상담의 과정에서 토지 소유자로부터 '감정평가가 잘못되었다'라는 말을 많이 듣는다. 10명이 상담하면 10명이 감정평가가 잘못되었다고 한다. 어쩌면 감정평가라는 것이 다 그렇게 잘못될 수가 있을까? 당사자는 이미 억울할 대로 억울한 심정으로 변호사 등 전문가를 찾았으므로 주관적인 입장을 전달한다. 그러나 업무를 처리하는 전문가로서는 객관적으로 사태를 파악해야 한다. 정말 문제가 되는 사안인지, 만약 문제를 해결한다면 어느 정도까지 원상복구를 시킬 수 있을지 알아야 전략의 구상이 가능하다.

이럴 때 사감정을 추천하는 것 같다. 사건을 최대한으로 성공시키고 싶기 때문이다. 나 역시 많은 사안에서 사감정을 추천한다. 감정평가사의 가격과 일반인의 가격은 다르고, 특히 의뢰인이 주장하는 가격은 현실 감정평가와 동떨어진 경우가 많기 때문이다. 주관적인 가치 부여와 사안에 적용되지 않는 정보에 근거한 주장은 원하는 방향으로 사안을 해결하는 것과 무관하다. 감정평가사는 관련 법률, 감정평가 실무기준, 감정평가에 관한 각종 지침, 판례 등에 부합하게 평가해야 하기 때문이다.

무조건 감정평가가 잘못되었다고, 덮어놓고 위법하다고만 주장하는 것도 한계가 있다. 대리인으로서는 차라리 관련 법률, 감정평가 실무기준, 감정평가에 관한 각종 지침, 판례 등에 부합하게 평가를 했을 때도 '다른 결론'이 나올 수 있음을 보여주는 것이 더 나은 선택지이다. 다른 감정평가사 가진 다른 의견, 다른 논리로부터 현출된 다른 가격, 재량의 범주에서 나올 수 있는 다른 판단을 통해 새로운 다툼의 장을 여는 것이다.

감정평가와 관련된 의견서를 작성할 수도 있겠지만 방어하는 부동산이 뭐가 좋다고 금액은 어느 정도가 타당하다고 주장하려니 막막한 점도 있다. 또 그런 의견을 작성하는 사람이 감정평가사가 아니니 과연 어디까지 반영이 될 수 있을까 하는 불안감도 든다. 그래서 사감정 수요가 늘어나는 듯하다. 대리인의 입장에서는 아예 딱 '얼마'라는 금액이 나와 있으면 주장하기가 좋고 부동산 소유자로서도 '나 홀로 주장하는 가격'이 아닌 감정평가를 통해 어느 정도 객관성을 확보할 수 있기 때문이다.

알고 있으면 좋은 현실 감정평가사어

감정평가사들끼리 업무 이야기 하는 것을 가만히 들어보면 일반적으로 들을 수 없는 용어들의 향연이 벌어진다. 어떤 언어나 똑같겠지만 감정평가사도 감정평가사어를 통해 표면으로 드러나지 않는 숨은 의도를 표현하는데, 그것은 같은 감정평가사가 아니면 알아차리기 어렵다. 부록으로 감정평가에서 아주 많이 활용되는 현실 감정평가사어 몇 가지를 소개한다(설명 조차 감정평가사어로 구성되는 경향이 있는데 너른 양해 바란다).

본건(본건 전례)

감정평가의 대상이 되는 물건이다. 대비되는 말로 '사례'가 있다. 사례는 크게 거래사례(실거래 신고 가격, 매매사례)와 평가사례(평가전례)로 나눌 수 있다. 본건의 평가사례는 본건 전례라고 한다.

표준지공시지가(표공)

「부동산 가격공시에 관한 법률」의 규정에 의한 절차에 따라 국토교통부장관이 조사·평가하여 공시한 표준지의 단위면적당(원/㎡) 적정가격을 말한다.

개별공시지가(개공)

국토교통부장관이 매년 공시하는 표준지공시지가를 기준으로 시장·군수·구청장이 조사한 개별토지의 특성과 비교표준지의 특성을 비교하여, 토지가격비준표상의 토지특성차이에 따른 가격배율을 산출하고 이를 표준지공시지가에 곱하여 지가를 산정한 후 감정평가업자의 검증을 받아 토지소유자 등의 의견수렴과 시·군·구 부동산평가위원회 심의 등의 절차를 거쳐 매년 시장·군수·구청장이 결정·공시하는 단위면적당 가격(원/㎡)을 말한다.

공동주택가격(공주가)

「부동산 가격공시에 관한 법률」에 의한 절차에 따라 국토교통부장관이 공동주택(아파트·연립·다세대)에 대해 매년 공시지준일 현재 적정가격을 조사·산정하여 공시한 공동주택의 가격을 말한다. (출처: 포털사이트 부동산공시가격알리미)

격차율

대상과 사례의 우열을 비교할 때, 특히 '개별요인'을 비교하여 나오는 수치나 '그 밖의 요인 보정치'를 말한다.

층별효용비(율)(층효비)

구분건물의 경우 층수와 호별 위치에 따라 가격 격차가 발생한다. 층별효용비란 2층 이상의 부동산이 층별로 갖는 가치 차이의 비율을 말하며, 입체적 · 수직적으로 발생하는 부동산의 가치 차이를 발생하는 가치 차이를 파악하는 개념이다.

호별효용비(율)(호효비)

호별효용비는 동일한 층 내에서도 여러 개 호수의 부동산의 각 위치별로 갖는 가치 차이의 비율을 말하며, 수평적인 가치 차이를 파악하는 개념이다. 층효비와 호효비라는 이 두 개념은 독립적으로 존재하는 것이 아니라 부동산 가치에 상호 조화를 이루며 녹아들어 있기 때문에 감정평가 때에도 두 가지 비율을 함께 고려한다. 예를 들어 구분상가에서 '1층+전면에 노출된 경우'와 '2층+후면에 위치한 경우'의 가격 격차를 층별효용비율와 호별효용비율을 통해 파악할 수 있다.

가격(기준)시점

감정평가의 기준이 되는 날짜이다. 예를 들어 A부동산의 2021년

10월 5일자 감정평가액이 000,000원인 경우, 이 날이 A부동산 평가의 가격(기준)시점이다. 부동산 가격은 정체되어 있는 것이 아니고 항상 변동하기 때문에 '가격시점'이 언제인지가 감정평가액의 결정에 큰 영향을 미친다.

종전

평가사들끼리 '종전 얼마?'라고 한다면 재개발, 재건축사업구역 내 존재하는 종전자산감정평가액을 묻는 것이다. 노후화된 지역의 종전자산감정평가액에서는 대체로 건물 가격이 약하기 때문에 그냥 종토(종전토지가격)라고 하는 평가사도 있다.

공부

부동산 감정평가 시 활용하는 공적 장부를 말한다. 등기사항전부증명서, 토지이용계획확인서, 토지대장, 지적도, 일반건축물대장, 집합건축물대장 등이 있다.

거사비

거래사례비교법을 말한다. 토지나 구분건물을 평가하기 위해 실거래 신고 가격을 조사하여 거래사례로 선정한 후, 본건으로 보정하는 과정을 거쳐 감정평가액을 산정한다.

제시외

통상적으로는 공적 장부상 등재되어 있지 않은 물건을 지칭하는 말이다. 예를 들어 건축물대장에 없는 증축 부분이 있을 때 감정평가의 목적에 따라 평가를 하는 경우도 있고 평가하지 않는 경우도 있다.

현황

조사일 현재 부동산의 상황(이용상황, 물리적 상황 등)을 말한다.

현황불일치

공적 장부의 내용과 조사일 현재 부동산의 상황이 안 맞는 경우를 말한다. 대체로 건물의 경우 많이 발생하며, 이때 감정평가사는 불일치 내용의 정도를 파악해서 평가의 목적에 따라 평가내용에 적의 반영한다. 이때 현황불일치의 정도가 도저히 공적 장부와 현황의 부동산이 동일한 부동산이라고 인정될 수 없는 수준인 경우 물적동일성* 불인정 시 평가목적별 업무처리 방침에 따르게 된다(*물적동일성: 어떤 부동산을 감정하기 위하여 참조하는, 개별적 요인이 비슷한 부동산의 성질이다. 개별적 요인에는 부동산의 구조, 물리적 상태, 기능적 상태, 설계, 설비, 구성 재료, 사용 연수, 용도, 규모 등이 있다. -출처: 네이버 국어사전).

지변율

지가변동률이다. 전국 시·군·구의 용도지역별로 매월 발표되며 토지 감정평가 시 공시기준일부터 본건 기준시점까지의 시점 차이에 따른 가격격차를 시점수정이라는 항목으로 보정하며, 이때 지가변동률을 활용한다.

일단

일단지를 말하며, 일단지란 2개 이상의 필지가 일체로 거래되거나 용도상의 불가분 관계에서 하나의 가치를 갖는 일단의 토지를 말한다.

파트너

나와 동일한 물건을 동일한 시점으로 평가하는 다른 감정평가사를 파트너라고 한다. 파트너와도 마음이 잘 맞아야지 일이 잘 진행된다. 복수평가가 필요한 일이 있으면 의뢰인은 감정평가사 사이에 업무 궁합이 잘 맞을 파트너를 구해주는 것이 좋다.

복수

보복(revenge)을 의미하는 용어가 아니라, 파트너가 있는 감정평가를 말한다. 복수 감정평가라고 하며, 일반적으로는 감정평가사 두 명이 한 물건에 대해 동일한 시점으로 평가하는 것을 말한다. 공익사업을 위한 토지 등의 취득 및 보상에 관한 법률에 의한 협의보상평가의 경우 세 명이 복수(3복수)를 하는 경우도 있다. 공적평가의 경우 복수평가금액을 산술평균한 금액으로 최종 평가액이 결정된다.

가격 깔았어요?

"가격을 결정했습니까?"라는 말이다. '가격을 깔다'라는 표현은 감정평가 때 지도에 가격을 적어가며 작업하는 데서 유래하지 않았을까 생각해본다. 지도에 다양한 가격을 쭉쭉 깔아(?)놓고 가격 간 균형을 검토하고, 수정하며 본건 감정평가액을 결정하는 것을 '가격을 깔다'라고 표현한다.

탁상

현장조사를 가지 않고 책상에 앉아 검색이 가능한 수준에서 개략적으로 대상 부동산의 감정평가액을 추정해보는 것을 말한다. 탁상감정이라고도 한다.

항공

항공(위성)사진을 말한다. 나는 개인적으로 포털사이트 다음지도의 항공사진을 많이 활용한다.

특관자

친하게 지내는 평가사님과 복수를 하면서 튀는 거래사례를 보고 "○○사례 봤어요?"라고 물어보니 그 분이 "특관자, 특관자"해서 "아, ㅇㅋ" 했다. '특관자'라는 말은 특수한 관계에 있는 자를 말한다. 특관자 거래는 가족 간 거래라든지 법인 및 법인대표 간 거래라든지 뭔가 서로 특수한 관계에 있는 매도인과 매수인 간에 발생한 거래라는 말이다. 감정평가사가 '특관자 거래'라고 말하면 '정상적인 시장가격에 비해 높거나 낮게 거래된 것이다'라는 의미이다. 위 사례의 복수평가사님은 "해당 사례는 사례로서의 신뢰성이 없다. 정상 거래사례가 아니니 사례에서 배제하자"라고 말했던 것이다.

가격 협의

감정평가액을 결정하기 전에 가격 수준과 평가의 방향에 대한 전반적인 의견을 교환하는 것을 말한다. 가격 협의는 복수평가 시 파트너와 할 수도 있고, 주된 평가자와 심사자 간에 할 수도 있고, 가격 조사자와 평가자가 할 수도 있다. 특히 이해가 상반되는 의뢰인 사이에서 업무를 하는 감정평가사 간에는 가격 협의 과정에서 크게 싸우기도 한다.

심사

감정평가서를 발행하기 위한 승인 절차이다. 회사 내부 심사가 있고, 한국감정평가사협회 심사가 있다.

사추, 시추, 소추

보상평가에서 많이 쓰는 말이다. 사추는 '사업시행자 추천 감정평가사', 시추는 '시(도) 추천 감정평가사', 소추는 '토지소유자 추천 감정평가사'를 말한다.

감정서 번호

발행된 감정평가서에 부여된 고유번호이다. 감정평가 보고서의 표지에 기재되어 있다.

바르다(배분하다)

부동산 거래 총액이 '토지+건물'로 구성된 경우, 토지만의 거래가액을 추정하기 위해 총 거래액에서 건물가액을 빼는 것을 '바르다'라고 표현한다. "발라보면 답 안 나와요"라는 말은 '총 거래액에서 건물 가격을 빼면 토지가격에 남는 것이 별로 없다', '총 거래액 중에서 건물 가격비율이 높다, 결국 토지가격은 낮다'라는 의미이다.

전주, 이주, 일상, 중상, 전공, 자녹, 쥐비, 계관, 자취…

국토의 계획 및 이용에 관한 법률상 용도지역·지구·구역은 감정평가 시 반드시 확인하는 항목들이다. 특히 용도지역에 대해서 줄임말을 많이 쓴다. 전주는 전용주거지역, 이주는 제2종일반주거지역, 일상은 일반상업지역, 중상은 중심상업지역, 전공은 전용공업지역, 자녹은 자연녹지지역, 쥐비는 GB(Green Belt), 개발제한구역, 계관은 계획관리지역, 자취는 자연취락지구를 말한다. 물냉면 비빔냉면을 물냉, 비냉하는 것과 같은데, 평가 시 중요하게 보는 용도지역, 지구, 구역을 간단히 표현하는 이런 말들은 모르는 사람이 들으면 도대체 무슨 소리를 하는지 알 길이 없다.

제5장

감정평가사를 잘 사용하면 큰돈이 된다

선무당은 대체로 사람을 잡는다

'선무당이 사람 잡는다(죽인다)'라는 속담이 있다. 네이버 사전에 검색해보면 '의술에 서투른 사람이 치료해준다고 하다가 사람을 죽이기까지 한다'는 뜻으로, '능력이 없어서 제구실을 못하면서 함부로 하다가 큰일을 저지르게 됨을 비유적으로 이르는 말'이라고 나온다. 그리고 '미숙한 사람이 괜히 설치다가 오히려 일을 그르쳐 놓는다는 말' 정도로 풀어놓고 있다. 엄청 무서운 의미로 감정평가 영역에도 적용된다.

의뢰인이 선무당인 경우

바야흐로 정보화 시대이다. 우리는 검색 몇 번으로 엄청나게 많은 정보를 얻을 수 있는 시대에 살고 있다. 감정평가 분야도 예외는 아니어서 키워드 몇 개만 쳐도 쏟아지는 정보들을 볼 수 있다. 이런 시대를 살아가는 의뢰인들은 자연스럽게 개략적인 스터디를 한 후 감정평가사에게 상담을 요청한다. 불은 잘 사용하면 삶을 풍요롭게 하지만 잘못 사용하면 사람의 목숨을 앗아간다. 정보도 마찬가지이다. 문제는 요즘 세상에서는 이 정보라는 것이 차고도 넘친다는 것이다. 쓸데없는 정보와 잘못된 정보가 너무 많다. 최신 경향과 맞지 않는 과거의 정보도 많다. 폭포수처럼 쏟아지는 정보 중 도대체 무엇이 나에게 딱 맞는 정보인지 파악하기 힘든 것이 현실이다.

정보의 홍수에서 허우적거리던 의뢰인이 자신이 수집한 방대한 정보를 기반으로 선무당이 되는 경우가 있다. 이런 경우가 생각보다 위험하다. 선무당은 사람을 잡기 때문이다. 지주들 단체 카카오톡방이나 오픈채팅방에서 올바르지 않은 감정평가 지식을 뽐내고, 오히려 지주의 이익을 해치는 요구를 주장하고 선동한다. 선무당보다 정보가 없는 일반인들의 눈엔 뭔가 스터디가 되어 있는 듯한 그(그녀)의 주장이 그럴 듯해 보인다. 나아가 그 주장에 타당성을 검증하기 위해 검색엔진을 돌리면 원흉의 출처인 잘못된 정보들이 쏟아지니 올바르지 못한 정보의 비를 흠뻑 맞은 일반인들은 그(그녀)를 믿고 지지하게 된다. 내가 수도 없이 직접 보고 듣고 겪은 일들이다. 아무리 그것이 아니라고 설명해도 잘못된 정보에 '꽂힌' 사람들은 진짜 전문가의 조언이 들리지 않는다.

감정평가사가 선무당인 경우

감정평가사는 일반인보다는 당연히 감정평가 및 감정평가 분쟁의 해결을 위한 검색 능력(해석 능력)이나 자료수집 능력이 뛰어나다. 나아가 현 시스템에서 감정평가사는 일반인보다 훨씬 우월한 정보망을 활용하고 있다. 그러나 일반인보다 낫다고 하여 모든 일을 다 전문적으로 처리할 수 있는 것은 아니다. 특화된 분야 및 특화된 사건에서는 해당 사례를 직접 처리해보지 못한 감정평가사 또는 그 분야에 경험이 부족한 감정평가사는 선무당이 될 수 있다.

나 역시 10년 이상 감정평가업을 해오면서도 몇 번 경험해보지 못해 잘 모르는 분야가 많다. 한 번도 안 해 본 분야도 더러 있다. 나부터 같은 감정평가 영역 내에서 A분야는 전문가인데 B분야는 선무당이 될 수 있는 것이다. 비단 감정평가 분야뿐만이 아니라 모든 전문 분야에서 너무도 당연하게 발생하는 일이다. 이 책의 '감정평가사는 다 같은 감정평가사인가?' 편(199p)을 참고하시기 바란다. 전문가는 괜히 전문가가 아니다. 어떤 특정한 일만 계속 전문적으로 하기 때문에 전문가가 되는 것이다. 50번의 요리할 기회가 있다고 하자. 50회 모두 스테이크만 굽는 데 쓴 사람과 스테이크 3회, 돈가스 10회, 삼선짬뽕 10회, 비빔밥 17회에 고루 쓴 사람 중 누가 더 스테이크 전문가에 가깝겠는가?

잘못된 만남을 방지하는 아름다운 해결 방안

부동산 감정평가와 관련된 일은 스테이크를 잘 못 굽는 사람에게 스테이크를 한 번 사먹은 후 별점테러를 하고 재방문하지 않는 것 정도로 정리할 수 있는 단순한 문제가 아니다. 그러나 선무당 문제를 해결하기 위한 방법이 있다. 의뢰인이 선무당을 뽑지 않는 데 집중하는 것이다. 의뢰인이 감정평가 그 자체나 분쟁의 해결방법을 검색하는 데 너무 힘을 뺄 필요가 없다. 제대로 된 전문가만 찾는다면 나머지는 모두 전문가가 할 일이다. 치과의사를 선별해놓고 안과수술을 하라고 하면 안 된다. 잘못되면 내 눈이 안 보이게 된다. 무조건 내 손해이다. 물론 감정평가사도 의뢰인이 원하는 특정분야를 다뤄본 적이 없거나 잘 모르면 잘 모른다, 해당 분야는 경험이 없다고 양심적으로 이야기해서 애초에 잘못된 만남을 방지하는 것이 바람직하다.

일 터지기 전에, 만나야 한다

재개발·재건축의 현금청산을 위한 감정평가나 도로건설, 공원조성 등 공익사업을 위한 토지 수용 감정평가는 불시에 이루어지는 것이 아니다. 사업시행자는 보상계획열람공고를 한 뒤 토지 및 물건조사를 하고, 피수용자에게 열심히 통지한다. 재건축의 경우 소유권이전등기청구의 소의 소장을 날린다. 다양한 방식으로 알리고 있고, 이는 사업시행자가 친절해서가 아니라 토지를 수용 혹은 매수하기 위한 필수 절차이기 때문이다.

수용합니다, 수용합니다

부동산 소유자는 수많은 통지, 통보 등을 받고 무엇을 하는

가? 아무것도 하지 않는다. '언젠간 보상금이 나오겠지', '언젠간 감정평가사들이 평가를 하겠지' 하며 막연하게 기다리거나, '에이, 누가 내 땅을 뺏어가!' 하며 무시한다. 정말 곤란한 태도이다. 반대로 부지런한 사업시행자를 보라. 저들은 해당 사업을 위해 오래 전부터 감정평가사들과 상의해오고 있다. 수차례에 걸쳐 다양한 방식으로 '당신 땅을 수용합니다, 수용합니다'라고 하는데 가만히 앉아서 '오냐, 그래라'하고 기다리며 막연하게 '보상금은 내가 원하는 대로 나오겠지?'라고 기대하는 것은 욕심이다.

"알아서 잘 해줄 줄 알았어요, 저는 이런 일 난생처음 겪어봐서 몰랐어요." 나는 다양한 사람들로부터 이와 같은 하소연을 듣는다. 따져보면 인생은 난생처음 겪는 일들로 구성되어 있다. 처음으로 학교를 가고 직장에 다니고 운전을 배우고, 처음으로 결혼하여 출산을 한다. 나의 어머니도 나의 딸이 태어나고서 본인 인생 처음으로 할머니가 되었다. 그냥 세상만사 모든 일이 처음 투성이다. 하지만 이 모든 일은 '처음 겪었기 때문에' 잘 해내지 않아도 되는 일들이 아니다. 왜 나한테 이런 일이 생겼지? 처음 겪는 일이라 어쩔 줄 몰라 하기보다는 빨리 나를 도와줄 사람을 찾는 것이 현명하다. 난생처음 겪는 모든 일을 혼자서 해결해보겠다고 하다가는 사고가 날 수 있다.

그렇다면 감정평가사는 언제 만나야 할까? 어디선가 보상, 현금청산, 소장 등 내 부동산의 감정평가와 관련된 안내문/통지서/협의요청서/소장 등이 왔을 때 바로 그때 만나야 한다. 여기서 핵심은 해당 감정평가를 직접 시행하는 평가사(판사)를 만나라는 것이 아니다. 이들과는 지속적으로 만날 수도, 자주 의견을 교환할 수도 없다. 판사의 역할을 하는 자들이기 때문이다. 따라서 즉시 나를 도와줄 변호사 역할을 해줄 평가사를 만나야 한다.

이제 와서 다툰다고 해결이 될까요?

일단 소는 잃었다. 헐값에 외양간까지 잃고 싶지 않다면 전투태세를 재정비하고, 전략가와 함께 효율적인 전략을 고민해야 한다. 이때 나에게 불리한 감정평가가 이미 존재한다면 싸움이 훨씬 어려운 것이 사실이다.

"이제 와서 제가 다툰다고 번복이 될까요?", "다음번 평가에서 제가 주장하는 것이 조금이나마 반영될까요?", "해봤자 아닌가요?" 상담 중에 이런 질문을 자주 듣는다. 안 될 것 같으면 안 하면 된다. '소도 거저 가져가는데 남은 외양간이 뭐가 필요 있겠습니까? 그냥 가져가쇼'라고 생각하면 할 수 없다. 내 부동산도 아닌데 내가 뭐라고 하겠는가. 이미 패배한 것 같은 태도는 그를 도우려는 전문가의 기력도 빼앗는다. 하지만 나는 반문한다. 억울하다면서요. 소 값부터 제대로 받고, 외양간 값도 제대로 받고 팔도록 전력을 다해 움직여야 하지 않겠습니까?

똘똘한 감정평가사 한두 명 알아두는 것은 인생의 지혜

일상에서 무수히 발생하는 문제들을 그때그때 전문가에게 물어보고 의견을 구할 수 있다면 어떨까? 나의 경우에도 내가 감정평가사이면 무엇하리, 사업을 하며 발생하는 세금 문제에 대해서는 잘 모르는데, 어떨 때는 멍청이인가 싶을 정도다. 시간내서 상담을 받고 의사 결정을 할 만한 일인지 감도 안 올 때가 있다.

누구나 전문가의 조언을 받아 안전한 선택을 하며 살아간다

허리가 아파 수차례 병원에 갔다. 나는 고통으로 진땀이 나는데 이 정도 질병은 현대인이면 누구나 갖고 산다는 진단과 근육

이완제, 진통제만 처방받았을 때 굉장히 절망스러웠다. 나는 현대인이라는 죄로 통증을 견디며 살고 싶지 않았다. 하지만 날마다 똑같은 질병으로 불평하는 환자들을 수도 없이 만나는 바쁜 의사들에게 나는 특별한 환자가 아니었다. 두 다리로 멀쩡히 걸어 다니면서 허리 아프다는 나에게 "환자분보다 훨씬 심각한 어깨통증, 허리통증에 시달리는 사람들도 많아요"라고 하는데 솔직한 심정으로 남이야 그러든지 말든지 나랑 무슨 상관인가. 누가 나보다 훨씬 심각하게 고통스럽다는 사실이 내 고통을 경감시키는 데 하등의 도움이 되지 않았다.

고통으로 몸부림치던 그때 남편의 지인이고, 정형외과로 유명한 종합병원 원장님에게 살면서 가장 고맙고, 기억에 남는 진료를 받게 되었다. 엄청 바쁘신 분이었는데, 당시 해외 체류 중이던 남편의 안부를 물으며 시작된 진료는 무려 1시간 가까이 지속되었다. 상태를 정확하게 듣고 받아들일 것은 받아들였다. 정확한 의학 지식을 전달받자 심리치료까지 받은 기분이었다. 당장 불편한 부분을 해결하기 위해 즉각 개선해야 할 생활습관을 비롯해, 장기적으로 건강히 살아가기 위해 해야 할 것과 하지 말아야 할 것을 배웠다. 진정으로 내 삶을 변화시킨 진료였다. 지금까지도 그때 그 분이 해주신 조언을 지키며 지내고 있다.

또 주정차되어 있던 동생의 차량이 파손되어 연락을 받았을 때 즉시 절친한 변호사님들께 연락해 처리 방침을 물었다. 상대

측과 합의할 때도 법률전문가들의 조언 덕분에 잘 처리했다. 나와 친한 변호사님이 빤질거리던 상대 측을 압박하기 위해 보험처리에 능한 또 다른 전문가에게 받은 자문도 매우 유용했다.

내 인생의 치명타를 막아줄 평가사

어떤 사건이 일어났을 때 해당 분야의 똑똑한 전문가가 내 일처럼 염려하고 제대로 해결해주기 위해 나에게 조언을 해준다는 것. 두 번 말할 필요 없이 너무나 안심되고 편안하다. 나 또한 겪어보니 그랬다. 그런데 부동산 감정평가, 보상, 소송, 상속 및 증여, 경매, 거래 등은 실은 아주 자주 일어나는 일이 아니다(얼마나 다행인가!). 하지만 부동산은 개인 재산의 대부분을 차지하지 않는가. 소중한 부동산에 감정평가 문제가 발생했는데 제대로 대응을 못하면 단언컨대 인생에 몇 안 되는 치명타가 된다. 가액의 스케일이 다르기 때문이다. 비단 재건축/재개발사업구역 내 공익사업에 편입된 부동산이 아니라고 하더라도 부동산을 소유한 사람이라면 똘똘한 감정평가사 한두 명쯤 알아두는 것이 좋다. 그 감정평가사가 내 편이 되어 나에게 유리한 전략을 제시해준다면 당신은 행운아이다. 열정이 넘치는 감정평가사를 한 명 알아두시라.

감정평가사는
다 같은 감정평가사인가?

전문가(專門家)의 사전적 정의는 다음과 같다. '어떤 분야를 연구하거나 그 일에 종사하여 그 분야에 상당한 지식과 경험을 가진 사람'이다. 여기서 주목할 부분은 '그 분야'라는 단어이다.

어느 직업군이든 그 직업 내 전문 분야가 세분되어 있다. 변호사의 전문 분야는 기업회계, 해외법무, 보험, 관세 및 국제통상, 건설 및 부동산, 미디어, 인사 및 노무, 가사, 상속, 의학, 교육, 조세, 재개발·재건축전문 등 셀 수도 없다. 의사는 또 어떤가? 소아청소년과, 내과, 신경외과, 정형외과, 피부과, 산부인과, 이비인후과, 치과, 성형외과 등 엄청나게 세분화되어 있다.

전문가는 세분화된 분야별로 존재한다

성형외과 의사라고 하면 다 전문 분야가 같은가? 아니다. 성형외과 내에서도 눈, 코, 양악, 지방흡입, 가슴성형 등 미용성형 전문 분야가 있는 반면에 안면이나 손발의 기형, 기계적 외상, 피부종양 등의 치료 등으로 또 세분화된다. 분명히 세분화된 분야에 특화된 노련한 전문의가 있다.

무인도에 비행기 추락사고가 났는데 승객 중에 의사와 건축사가 한 명씩 있다고 해보자. 그때는 그 의사가 산부인과 의사인지 성형외과 의사인지 여부를 불문하고 다른 일반인 승객에 비할 바 없는 의료 지식이 있기 때문에 '의사'로서 폭넓게 활동할 것이다. 배가 아파도 그 의사에게 가고 다리가 부러져도 그 의사에게 가야 한다.

건축사가 오피스빌딩 전문이든, 단독주택 전문이든 혹은 교량(Bridge) 전문이든 상관없다. 그는 무인도에서 피난처를 짓는 데 큰 기여를 할 것이다. 정히 선택의 여지가 없는 경우 전문가는 대분류로 나누어서 활동하게 된다. 소비자도 마찬가지이다. 하지만 우리는 비행기 추락 사고를 당하여 무인도에 고립된 상태가 아니기 때문에 의사, 변호사, 건축사, 감정평가사 등 전문직군을 대분류하여 활용하지 않는다. 그래서도 안 된다. 부동산 중개사고가 나서 소송을 해야 하는데 형사사건을 전문으로 하는 변호사를 찾아가지 않을 것이고, 발치를 해야 하는데 피부과에 가는 사람은 없다. 우리는 직군의 대분류가 아닌 직군 내에서 분야별로 소분류에 소분류를 한 어느 한 분야에서 송곳처럼 특화된 전문가를 진짜 전문가라고 한다.

감정평가사는 다 같은 감정평가사인가?

일반인들은 부동산 감정평가에서 감정인의 전문 분야, 주력 분야를 알아보려는 노력을 소홀히 한다. 상담 중에 정말 많이 듣는 말이 있다. 바로 '우리가 감정평가사를 대할 일이 얼마나 있겠냐? 잘 좀 부탁한다'라는 말이다. 아마 감정평가사라면 다 똑같이 모든 분야에 전문일 것이니 알아서 잘 해달라는 요청인 듯하다. 하지만 부동산 감정평가 역시 전문 분야가 천차만별이다. 소송, 담보, 보상, 시가추정, 경매, 기업자산재평가, 재개발·재건축, 컨설팅, 기계기구, 어업권, 선박, 수목 등 다양하다. 여기서 소송 감정 한 분야만 봐도 다 똑같은 소송 감정이 아니다.

이 세상에 감정평가가 필요한 수백, 수천 개의 소송 중 단 한 종류에 불과한 부당이득반환청구소송만 하더라도 부당이득의 대상이 선하지(토지 위에 고압선이 가설되어 있는 토지)의 구분지상권 임료인가, 타인 무단 점유부분인가, 상가의 권리금 또는 시장가치보다 낮거나 높은 임료인가 등에 따라 감정평가의 대상과 내용이 다시 수십 개로 세분화된다.

시가추정 감정평가 역시 증여세 절세 목적인가, 기업의 장부가액을 현실화하기 위한 자산재평가인가, 매매 협상용인가, 현금청산 대비인가 등에 따라 기준시점부터 적용공시지가의 판단 등 디테일이 달라진다. 끝도 없이 다양하고 세분화된다. 그래서 세분화된 각 분야에 노련한 감정인을 찾아 감정인들끼리 서로 묻고 의견을 구하는 일이 빈번하다. 감정평가사라고 모든 감정평가를 다 알 순 없으니까.

얼마 전 가까운 지인이 본인의 비즈니스 가치를 외부기관에 제출할 일이 있다며 '무형자산' 평가를 해달라고 요청해왔다. 그의 입장에서는 감정평가를 받아야 하는데 절친한 친구가 감정평가사이니 얼마나 든든했겠는가. 하지만 나는 단번에 거절했다. 나는 무형자산 평가를 해본 적이 없기 때문이다.

내 감정인의 전문 분야를 체크하라

의뢰인은 응당 내 부동산을 평가하는 감정인의 전문 분야를 알아야만 한다. 감정인이 주로 업무를 하는 영역, 즉 그의 백그라운드가 그의 경험 및 식견이 되고 내 부동산 가치에 직접적으로 영향을 미치기 때문이다. 그것이 내가 친한 지인의 무형자산 평가를 거절했던 이유이다. 나는 재건축·재개발 현금청산, 보상금증액 컨설팅, 소송감정 컨설팅(재감정), 감정평가서 분석, 조세

(증여·상속), 시가감정 등 주로 감정평가분쟁 분야에 특화되어 있는 감정인이다. 11년 동안 일하면서 무형자산 감정평가는 단 한 번도 해 본적이 없다. 그냥 모른다.

나도 감정평가사이기 때문에 배우며, 시도해볼 수도 있는 분야였다. 시도해보면서 이번 기회에 내가 무형자산 평가의 전문가가 될 수도 있을지도 모른다. 그렇지만 내가 인턴십으로 처리해보기엔 지인의 자산이 너무 소중하지 않은가? 아무튼 지인에게는 무형자산 평가를 전문으로 하는 감정평가사를 소개해줬다. 감정평가와 관련한 문제가 발생한다면 무작정 아무 감정평가사나 찾아가기 전에 감정평가사의 전문 분야를 먼저 확인해야 한다.

감정평가 수수료는 왠지 비쌀 것 같다

최근 부쩍 보수를 넉넉하게 줄 것이니 일단 감정평가만이라도 해달라는 연락을 많이 받는다. 특정사안이 복잡하고 수수료에 비해 책임이 부담스러운 평가들이기 때문에 다른 평가사들에게 '평가 거부'를 당한 경우들이다. 반대로 일생일대의 중대한 사안에서 감정평가 수수료가 왠지 비쌀 것 같아 상담조차 망설이는 경우도 많다.

그랬으면 좋겠다, 비쌌으면 좋겠다

먼저 보수를 넉넉하게 챙겨줄 테니 감정평가를 해달라는 의뢰인들에게 안 좋은 소식을 전한다. 의뢰인이 달리 감정평가 보수를 넉넉하게 챙겨줄 길이 없다. 보수에 관한 규정이 있기 때문이다. 감정평가 금액에 딱 떨어지는 수수료 요율표가 적용된다. 이것은 양날의 검과 같다. 장·단점이 있다. 장점으로는 평가사가 보수의 많고 적음에 따라 이상한 평가를 할 유인이 없고, 의뢰인이 얼토당토 않은 괴상한 요청을 하는 경우 평가 거부를 해버리면 그만이니 평가의 신뢰성 제고에 큰 역할을 한다. 즉, 보수를 놓고 '감정평가액 흥정'을 하지 않는다.

가끔 "평가액 올려주시면 평가사님 보수도 올라가고 좋으시잖아요"라는 의뢰인들이 있는데, 감정평가 금액이 20억 원일 때 순수수료가 1,945,000원이다. 이때 감정평가 금액을 10% 올리면 어떨까?(일단 평가액을 10% 올리는 것은 매우 큰 부담이다.) 22억 원을 기준하면 순수수료는 2,105,000원이 된다. 16만 원 차이가 난다. 16만 원을 더 받자고 무리하게 평가금액 10% 올려줄 평가사는 없다. 더욱이 법인에 소속된 감정인들은 해당 수수료를 모두 자기가 갖는 것도 아니다.

이러다 보니 문제가 하나 생기는데, 골치 아픈 평가는 거부해버리는 것이다. 기존에 전례가 많은 물건이 특히 그렇고, 소송 중인 물건, 분쟁 중인 물건 등이 그렇다. 감정평가 금액이 2억 원이면 순수수료가 365,000원이다. 소송 중이고 기존에 2억 원과 유사한 금액의 평가가 쫙 깔려 있고 의뢰인은 뭐라 뭐라 하는데, 첫 번째로 드는 생각은 '아, 복잡하다'이다. 이 복잡한 상황에서

365,000원을 벌고 싶은 평가사를 찾아야 하는데 그런 평가사가 있겠느냐는 말이다. 그 업무를 처리할 경우 법인 소속 평가사가 '수주+처리' 인센티브를 20% 받는다고 해보자. 73,000원이다. 세전 금액이다. 도대체 그 일을 못하겠다는 평가사를 누가 비난할 수 있을까?

감정평가 수수료 개편이 절실하다

사정이 이렇다 보니 '평가 거부'라는 사태가 빈번해진다. 감정평가 분쟁 중인 의뢰인들은 전문가의 의견이 절실하므로 수수료를 더 줄 테니 평가를 좀 부탁한다고 하지만, 앞서 밝힌 것처럼 감정 수수료는 법정 수수료이므로 더 받고 싶어도 더 받을 재간이 없다.

타 전문직군과 협업하며 느끼는 것인데, 감정평가 수수료는 책임, 업무량 및 경험, 식견, 사안에 미칠 영향, 의뢰인에게 발생하는 경제적 이익(개인적으로 평가 수수료 25,000,000원을 지급하신 의뢰인에게 130억 원의 이득을 안겨드린 적도 있다, 이런 사례는 셀 수 없이 많다) 등을 총괄하여 볼 때 정말 너무 싸다. 진짜 싸다. 완전 싸다. 최고로 싸다. 이러다 보니 좀 더 세밀한, 정치(精緻)한, 다양한 평가 서비스를 제공할 유인이 없는 것 아닐까? 그저 존재하는 가장 적정한 평가액을 결정하면 될 일이다.

단순한 경제논리에 따라 평가사들은 더 큰 물건, 안전한 부동산, 분쟁이 없는 부동산을 평가하는 데 집중한다. 누구라도 시간 대비 고효율이면서도 안정적인 일을 하고 싶어 한다. 부동산 자산 가치가 낮은 사람들도, 대판 싸움이 붙은 분쟁 중인 부동산의 소유자도 자유롭게 양질의 감정평가 서비스, 감정인의 전문지식을 이용할 수 있기 위해서는 수수료 체계의 개편이 필요하다. 업계에서 항상 나오는 말이다. 독자 여러분은 수수료 체계가 개편되기 전에 감정평가 서비스를 열심히 이용하시기 바란다. 두 번 이용하시기 바란다.

감정평가 수수료는 이렇게 산정됩니다

종량제를 실시하는 보상평가, 특수평가, 기준시점 소급평가 등을 제외한 일반적인 감정평가에 대한 수수료를 살펴보자.

1. 감정평가 수수료는 국토해양부훈령으로 규정된 보수기준에 따라 청구한다.
2. 감정평가 수수료의 구성항목은 (순수수료+출장여비+기타실비)×10%(부가가치세)이다.
3. 순수수료는 감정평가 금액에 따라 구간별로 계산된 수수료를 합산하여 청구한다.

■ 감정평가액 구간별 수수료 요율체계

감정평가액	수수료 요율 체계
5천만 원 이하	200,000원
5천만 원 초과 5억 원 이하	1만 분의 11
5억 원 초과 10억 원 이하	1만 분의 9
10억 원 초과 50억 원 이하	1만 분의 8
50억 원 초과 100억 원 이하	1만 분의 7
100억 원 초과 500억 원 이하	1만 분의 6
500억 원 초과 1,000억 원 이하	1만 분의 5
1,000억 원 초과 3,000억 원 이하	1만 분의 4
3,000억 원 초과 6,000억 원 이하	1만 분의 3
6,000억 원 초과 1조 원 이하	1만 분의 2
1조 원 초과	1만 분의 1

감정평가액이 10억 원이라면 순수수료는 1,145,000원이고, 30억 원이라면 순수수료는 2,745,000원이다. 여기에 출장여비 및 기타실비를 더하여 최종 수수료를 청구하며 부가가치세는 별도이다. 여담으로 감정평가회사에서 사용하는 프로그램에서는 감정평가액을 입력하면 자동으로 수수료가 계산되어 나오기 때문에 감정평가사가 계산기 들고 법정요율표를 적용해서 수수료를 산정하는 일은 없다. 아무튼 감정평가 수수료는 부동산 가액 및 파급효과에 비해 상당히 저렴한 편이다.

■ 감정평가액 구간별 수수료 요율 적용 시 순수수료

감정평가액	순수수료(원)	감정평가액	순수수료(원)	감정평가액	순수수료(원)
5천 만 원	200,000	1억 원	255,000	2억 원	365,000
3억 원	475,000	4억 원	585,000	5억 원	695,000
6억 원	785,000	7억 원	875,000	8억 원	965,000
9억 원	1,055,000	10억 원	1,145,000	15억 원	1,545,000
20억 원	1,945,000	25억 원	2,345,000	30억 원	2,745,000
35억 원	3,145,000	40억 원	3,545,000	45억 원	3,945,000
50억 원	4,345,000	55억 원	4,695,000	60억 원	5,045,000
65억 원	5,395,000	70억 원	5,745,000	75억 원	6,095,000
80억 원	6,445,000	85억 원	6,795,000	90억 원	7,145,000
95억 원	7,495,000	100억 원	7,845,000	120억 원	9,045,000
140억 원	10,245,000	150억 원	10,845,000	200억 원	13,845,000
250억 원	16,845,000	300억 원	19,845,000	400억 원	25,845,000
500억 원	31,845,000	600억 원	36,845,000	700억 원	41,258,000
800억 원	46,845,000	900억 원	51,845,000	1000억 원	56,845,000
1500억 원	76,845,000	2000억 원	96,845,000	2500억 원	116,845,000
3000억 원	136,845,000	3500억 원	151,845,000	4000억 원	166,845,000
4500억 원	181,845,000	5000억 원	196,845,000	6000억 원	226,845,000
7000억 원	246,845,000	8000억 원	266,845,000	9000억 원	286,845,000
1조 원	306,845,000	2조 원	406,845,000	3조 원	506,845,000
4조 원	606,845,000	5조 원	706,845,000	10조 원	1,206,845,000

감정평가사가 만난 부자 의뢰인의 공통점

부동산을 감정평가 하는 일을 하다 보니 부동산 자산만 수백억 원인 의뢰인도 많이 봤다. 내가 이 일을 하지 않았더라면 이런 부자들을 이렇게 자주, 가까이 만날 수 있었을까? 내가 만났던 부동산 자산만 100억 원 이상인 의뢰인들은 공통적인 특징이 있었다.

첫째, 그들은 투자자이다

부자 의뢰인들은 경제적 실리를 좇아 자신의 자산 가치를 높이는 일에 투자하는 것을 진심으로 즐긴다. 마치 재미있는 게임을 하고 있는 사람으로 보인다. 그들은 무슨 사건이 터지기 '전'에 먼저 움직인다. 감정평가적인 측면에서 보면 아직 아무런 일이 벌어지지 않을 때, 재건축 조합설립인가가 나기 전에, 공익사업으로 인한 보상계획공고열람이 있기 전에, 매매계약서를 쓰기 전에, 세금 폭탄을 맞기 전에, 재산 분할 소송을 시작하기 전에 먼저 전문가를 찾는다.

1,000만 원, 2,000만 원을 들여 괜히 감정평가를 한다(이것은 그들의 자산 가치가 높기 때문이다. 수도권 평가액 10억 원 기준 감정 수수료는 약 150만 원쯤으로 저렴하다). 이면을 살펴보면, 가까운 장래에 발생할 협상에 대비해 공신력 있는 자료를 갖추려는 것이거나 추후에 공적인 감정평가가 있을 것을 예측하고 주도적으로 감정평가를 준비하고 있는 것이다.

둘째, 전문가들 간의 협업을 중시한다

부자 의뢰인들은 자신의 본업이 매우 바쁘다. 그래서 나 홀로 소송이나 나 혼자 부동산 가격 수집 등을 할 시간과 여력이 없다. 그들은 당연히 전문가를 고용한다. 복합 사건의 경우 또 다른 전문가와의 협동 작업을 요청한다. 전문가들 간의 협업이 내는 시너지를 매우 잘 이해하고 있다. 내가 제안하기 전에 그들이 먼저 나에게 변호사, 세무사나 제2의 감정평가사를 소개해달라고 요청한다.

셋째, 차분하고 공손하고 겸손하며 예의 바르면서도 화끈하다

나는 부자 의뢰인에게 반말지거리를 들어보거나 하대를 당한 적이 단 한 번도 없다. 그들은 매우 상냥하고 음성이 차분하며 눈빛은 또렷하되 표정은 온화하고 엄청난 부자임에도 굉장히 겸손하다. 새로운 분야에 대한 호기심이 강한 편이고, 유머러스하며 자조적이거나 저질스런 농담은 하지 않는다. 분에 차서 악을 쓰는 일도 없고 자기보다 나이가 어린 나에게 은근슬쩍 반말을 하는 일은 절대 없다. 칼 매너이다. 그러면서 내가 업무처리를 하며 요구하는 모든 것을, 보수를 포함하여, 전폭적으로 지지한다. "수고하셨다", "감사합니다"라는 표현을 자주 사용한다.

넷째, 시도와 도전을 마다하지 않고, 확률을 높이는 게임을 추구한다

부자 의뢰인들은 자신이 무엇을 원하는지 이미 알고 있다. 다만 기술적인 부분을 스스로 모두 조율하거나 일일이 신경 쓸 수 없으니 감정평가사를 찾은 것이다. 이때 부자 의뢰인은 자신의 업무를 처리하는 전문가에게 100% 가능하다는 답변을 강요하거나, 무리한 요구를 하며 닦달하지 않는다. 다만 감정평가사가 그(그녀)가 원하는 방향을 성공시킬 확률을 높이는 방안을 제시해주길 원한다. 전문가가 제시하는 컨설팅이 합리적이라는 판단이 들면 필요한 시도와 도전을 통해 목표 달성의 확률 높이기에 돌입한다.

다섯째, 빠른 의사결정과 행동력이 돋보인다

뭐랄까, 동물적인 감각(?)이 대단히 발달하여 마치 맹수가 먹잇감을 공격하듯 순간적으로 판단하고 그에 따라 민첩하게 행동을 개시한다. 부자 의뢰인들은 의사결정을 할 때 매우 짧게 고민한다. 아마 부자가 되는 과정에서 쌓아온 직관에 따라 의사결정을 하기 때문인 것 같다.

이외에도 내가 일을 하면서 직접 체험하고 느낀 부자들의 특성이 더 있는데, 쓰다 보니 이들이 부자이기 때문에 이런 특성이 생긴 것인지 아니면 이런 특성이 그들을 부자로 만든 것인지는 모르겠다. 그런데 분명한 것은 내가 만난 부자들은 하나같이 비슷한 특성을 가지고 있었다. 그리고 그들은 감정평가사를 잘 사용하여 더 부자가 되었다.

제6장

좋은 감정평가사 고르는 법

좋은 의뢰인이
좋은 전문가를 만난다

나는 좋은 의뢰인을 그(그녀)가 갖춘 '비즈니스 매너'로 판단한다. 고객과 전문가는 서로 이윤을 추구하는 사이로 만난다. 철저한 비즈니스 관계이다. 따라서 서로 최소한의 비즈니스 매너를 갖추고 업무에 임해야 한다. 기본적으로 양측은 어떠한 방식으로든 서로에게 손해를 끼치는 것을 지양해야 한다.

좋은 의뢰인이란?

업무 연락과 관련한 매너

우리 사회에서 통상적으로 인식되는 업무 시간은 월요일부터 금요일까지 오전 9시에서 오후 6시 정도이다. 아주 기본적인 부분이다. 저장되지 않은 전화번호로 휴일에 전화가 오거나 오전 7시부터 부재중 전화를 3통 이상 연달아서 하는 경우는 상대에 대한 배려가 없다는 인상을 준다. 감정평가 영역에서는 밤 11시에 긴급히 통화해야 하는 일은 거의 없다. 그래도 정히 급한 사정이 있다면 마구 전화하기 전에 먼저 문자로 정중히 상황을 설명하는 것이 업무를 파악해야 할 타인에 대한 예의이다. 3년 전쯤 가족들과 모여서 즐거운 시간을 보내던 성탄절에 불쑥 휴대폰으로 전화해 다다다다 사연을 늘어놓는 사람에게 휴일에는 상담하지 않으니 평일에 회사로 연락하시라고 안내한 적이 있다. 그 사람은 나에게 성탄절인데 예수님의 자비를 베푼다고 생각하고 상담 좀 해줄 것이지 너무 까칠하다고 했다. 인내의 한계에 도달했다. 다시 태어나도 이런 사람의 업무를 하는 일은 없을 것이다.

상담 전화는 개략적인 해결 방안과 짧게 아이디어를 교환하는 것이며, 업무의 진행 방향을 잠시 상의하는 것이 목적이다. 구체적인 상담은 정식으로 날짜와 시간을 잡고 상담료를 지급하면서 진행해야 한다. 그러나 잠깐의 전화통화로 많은 것을 확인하고자 조급하게 상대방을 괴롭히며 하나만 더 물어본다며 계속 전화를 끊지 않는 경우, 당하는 상대방은 그 사람의 일을 처리하기 싫어진다.

간단한 자기소개, 부동산 소재지 혹은 안녕하세요 등의 아주 기초적인 매너도 없이 궁금한 내용만 장문의 문자를 연속으로 발송하는 경우, 누가 좋아하겠는가? 이유가 어찌되었든 자기 정보를 남기는 것이 본인에게 유리하다. 바쁜 전문가에게는 '아까 통화한 사람', '어제 문자 보냈던 사람'이 당신 한 사람만이 아닐 수 있기 때문이다.

상담 매너

감정평가와 관련된 상담을 요청하는 사람들은 어디선가 통보받은 감정평가액에 불만이 있는 경우가 많다. 그래서인지 너무 감정적으로 말하는 사람들이 있다. 화가 나 있다는 것을 표현하려는 것인지, 한 성질 한다는 것을 보이기 위해서인지 욕설이나 상스러운 표현을 섞어가면서 말한다. 이런 사람들과는 비즈니스를 하고 싶지 않다. 아마도 습관인 것 같은데 반말을 섞어가면서 이야기하는 것은 상대방을 존중하지 않는 인상을 준다. 이런 경우 나도 함께 반말을 하고 싶은 욕구가 생긴다. 그러나 나까지 "어, 그래서? 계속 말해봐"라고 하면 뭐가 되겠는가. 그래서 재빨리 상대가 반말을 하고 있음을 알리는 편이다. 제대로 일을 하려면 서로 지킬 것은 지켜야 한다.

업무 협조에 관한 매너

당신의 업무를 처리하고 있는 전문가에게 시도 때도 없이 전화하고 문자와 카톡을 보내는 의뢰인은 좋은 의뢰인이 아니다. 제출을 요청한 자료는 정리해서 한꺼번에 이메일이나 팩스로 송부해주는 것이 효율적이다. 아무 때나 카카오톡으로 자료라고 들쭉날쭉 무엇인가를 잔뜩 보내놓고 봤냐고, 어떻게 생각하느냐고 닦달하는 것도 바람직하지 않다.

당신이 고용한 전문가는 당신의 사건 딱 한 개만 처리하고 있지 않으므로, 전달할 사항이나 의뢰인의 의견 등은 전화로 산만하게 이야기하는 것보다는 재차 삼차 읽어볼 수 있도록 문자나 이메일로 내용을 잘 정리해서 보내놓는 것이 좋다.

정당한 보수 지급 매너

세상에 공짜는 없다. 절대 없다. 종이 한 장을 사더라도 돈을 내야 한다. 공짜 컨설팅을 바라는 마음을 버리지 않으면 좋은 감정평가사를 만날 수 없다. 전문지식과 경험을 세일즈하는 사람에게는 '시간'이 곧 돈이다. 이들에게 시간을 뺏는 것은 직접적으로 돈을 뺏는 것과 같다. 전문가의 업무 시간이 무한대로 있는 것이 아니며 설령 무한대의 시간이 있다고 한들 누군가에게 공짜로 나눠줘야 할 의무가 없다.

"제 부동산이 얼마 정도 평가될 수 있는지 봐주실 수 있나요?

제가 생각했던 금액 이상으로 나오면 감정평가하려고요"라는 요청을 꽤 자주 받는다. 이른바 탁상감정을 공짜로 해달라는 경우이다. 나는 이런 요청은 단박에 거절한다. 적은 금액이지만 상담료 지불을 요청한다. 어떤 부동산의 예상평가액을 산정하려면 확인해야 할 것이 한두 개가 아니다. 게다가 해당 의뢰인의 사용목적에 맞는 컨설팅이어야 고객의 입장에서도 의미가 있다. 이 작업을 제대로 검토해내려면 사안에 따라 최소 30분에서 길게는 1시간 이상 걸리기도 한다. 그런데 공짜로 해달라고?

중요한 내 부동산의 예상 감정평가 시뮬레이션을 공짜로 구하는 마음의 저변에는 무료 상담의 높은 퀄리티에 대한 무한 신뢰감이 깔려 있는 것일까? 누가 무료로 1시간 이상 투자해 정성껏 일을 해줄 수 있을까? 어찌하여 수억, 수십 억 원의 부동산 자산에 대한 의사결정을 대충 받은 무료 컨설팅 결과에 의존하려 할까? 상황에 맞는 의미 있는 상담을 받으려면 상담료를 지급해야 한다. 그것이 의뢰인 스스로에게 도움이 되는 일이다.

어떠한 업무가 진행되고 혹은 컨설팅이 진행된다면, 상대가 투여한 시간과 노력에 대한 정당한 보수를 지급하는 것은 비즈니스의 기본이다. 업무가 취소되어도 마찬가지이다. 업무를 의뢰하여 착수금을 보내고 이틀 후에 감정평가 의뢰를 철회하는 경우, 착수금은 전액 환불이 될까? 아니다. 감정평가 의뢰 철회 시의 보수 규정에 의한다.

좋은 전문가란?

좋은 전문가는 한마디로 '실력 있는 전문가'이다. 친절하고 상대의 이야기나 사정에 고개를 끄덕이며 공감해주는 전문가가 좋은 전문가가 아니다. 친절함과 실력을 절대 착각해서는 안 된다. 의뢰인이 처한 문제를 해결할 수 있는 지식, 경험, 숙련된 기술, 아이디어, 열정, 성실함, 정직함 중에서 하나라도 없으면 아무리 인간성이 좋고 심성이 곱다고 하더라도 그(그녀)는 해당 의뢰인에게 좋은 전문가가 될 수 없다.

전문가는 의뢰인과 하하, 호호 친밀감을 쌓기만 하는 사람이 되어서는 안 된다. 이 점이 중요하다. 모름지기 좋은 전문가란 의뢰인이 처한 상황을 가장 성공적인 방향으로 타개하는 데 활용할 수 있는 전문 지식, 경험, 능력을 탑재한 사람이다. 일단 '그 의뢰인'이 처한 '그 사안'에 대한 처리 능력이 있어야 된다. 이것이 기본이다. 아무리 의도가 좋고 착한 마음씨를 가진 사람이라도 의뢰인이 처한 '그 사안'에 대한 과거의 성과와 경험이 없으면 제대로 일할 능력이 없는 것이다. 사안별로 다르게 적용된다. A사안에서는 좋은 전문가도 B사안에서는 경험치가 나쁜 전문가일 수 있다.

일 궁합이 맞아야 좋은 감정평가사

이 세상에는 수많은 사람들이 있다. 각자 개성에 맞춰서 일상에서 발생하는 상황에 대응하며 살아간다. 감정평가사도 사람이라 타고난 성향이 있고 자신이 지닌 성향에 따라 업무를 하게 된다. 이 세상의 그 누구나 성향대로 살고 성향대로 일한다.

의뢰인의 성향 파악

전국의 수많은 재개발, 재건축 및 공익사업을 위한 토지 수용의 현장에서 경험했던 피수용자, 의뢰인의 성향을 정리했다.

A 유형: 포기, 부정주의자 유형

저런 사람들을 상대로 내가 뭘 어떻게 할 수 있겠어…. 공익이라는데…. 공무원, 변호사, 조합, 감정평가사라는 사람들이 잔뜩 일하고 있네. 나 하나가 뭘 한다고 상황이 나아질까? 어디서 종잇장 날라 오는 것만 봐도 위장병이 도지네…. 그냥 빨리 끝났으면 좋겠다. 어휴, 내 팔자야….

B 유형: 에이 설마, 방관 유형

에이, 민주주의 국가에서 누가 내 재산을 허락도 없이 헐값에 뺏어간단 말이야? 말도 안 되지! 아주 잘못된 사업이면 누가 나서겠지! 그리고 끝까지 버티면 알아서 보상금 잘 줘!(절대로 사실이 아니다.)

C 유형: 막무가내, 내 눈에 흙 뿌려 유형

야, 이런 니들이 깡패야? 나도 왕년에 한 주먹 했어! 알아?, 몰라?! 날 밟고 지나가! 내 눈에 흙이 들어갈 때까지 우리 집 못 건드려! 공익사업이고 나발이고 무조건 절대 결사 반대애애애~!!!

D 유형: 합리적 사업가, 너만 전문가 쓸 줄 아냐? 유형

이 푼돈(보상금)의 출처가 뭡니까? 공익사업, 이해는 하는데요, 뺏어가더라도 제 값은 주셔야죠. 그쪽이 제시한 가격에 수긍할

수 없어서 나도 내 부동산 분석을 좀 했습니다. 원만히 해결하고 싶지만, 제시받은 가격으론 협의할 수 없으니, 저도 나름대로 준비해서 싸우겠습니다.

E 유형: 카더라, 선무당 유형

저기요, 제가 아는 사람이 변호사(형사전문 등 감정평가 분야와 완전 무관)인데 ☆☆☆하는 것은 소용이 없을 것 같다는데요.

제가 소싯적에 감정평가사 시험을 준비했었는데요. 그때 배우기로 이 평가는 ◇◇◇해야 하는 것 아닌가요?

10년 전에 보상 받은 경험이 있거든요. 그때 보니까 □□□하는 것이 별 의미가 없을 것 같던데요.

F 유형: 너 아니었으면 더 잘 되었을 수도 있어, 보따리 내놓아라 유형

6개월 전: 대표님!!!! 제발 도와주세요, 저희는 대표님밖에 믿을 사람이 없어요. 도와주세요!! 그 은혜는 평생 잊지 않겠습니다!!!

6개월 후(소망했던 일이 이루어진 후): 효정씨가 도와주신 덕에 뭐 그냥저냥 잘 끝난 것 같긴 하네요. 그런데 솔직한 심정으로 저는 더 잘될 거라고 기대했거든요. 동네사람들 하는 얘기도 있고…. 그리고 어차피 누가 봐도 첫 감정평가가 잘못되었었으니까 당연히 결과가 좋았던 것 아닐까요? 아무튼 그런 측면(?)에서 수수료 좀 깎아주셨으면 좋겠는데요.

G 유형: 하트 뿅뿅, 은혜 갚는 까치 유형

평가사님! 저희 기억하시죠? 보상 잘 받고 ○○동으로 이사 잘 왔고요, 이제 겨우 정리가 다 끝나가네요! 저희 도와주셔서 너무 감사해요. 참, 엄마가 시골에서 수확한 옥수수 보내드린대요. 직원 분들하고 맛있게 드세요! 사랑해요!

감정평가사의 성향 파악

감정평가사가 보수적이고 안전주의적인 성향이라면 기존에 존재하는 평가내역, 선행 평가사의 판단, 판례, 과거의 업무 동향에 많은 영향을 받을 것이다. 회의적인 성향의 감정평가사도 있다. 이들은 '그건 안 돼. 소용없어. 그건 못 하는 거야'라는 말을 많이 한다. 튀지 않고 무던한 편이다. 성향일 뿐이므로 좋고 나쁘고의 문제가 아니다. 이들은 안전을 추구하고 대중적인 것을 추구한다. 다소 적극적인 성향이라면 너무 관례에 얽히는 것보다는 상황에 맞춰 탄력적인 업무 수행을 선호한다.

이렇듯 감정평가사마다 자신만의 스타일이 있다. 승부사 성향의 감정평가사는 탐구, 분석, 시도 및 도전을 마다하지 않는다. 100% 맞는 정답은 없다고 생각하며 아이디어를 쏟아내며 상황을 주도하는 업무를 한다. 그런데 이들이 굳이 정형화된 스타일을 포기하고 창의적으로 업무를 하기 위해서는 개인적인 열정, 유사사건을 성공시켜본 경험, 해당 사안에 대한 충분한 자신감이 있어야 한다. 어떤 목적으로 어떤 업무를 하느냐에 따라 의뢰인 자신에게 가장 유리하게 적용될 감정평가사의 성향이 다를 것이다. 의뢰인은 자신이 처한 상황과 필요한 감정평가, 그에 대한 대비 등을 면밀히 연구해야 한다. 그 후에 자신의 성향도 따져보고 나와 잘 맞을 것 같은 전문가의 성향도 따져봐야 한다.

의뢰인과 일 궁합이 맞아야 좋은 감정평가사

마음 맞는 사람과 친구가 되듯이 전문가와 의뢰인도 어느 정도 업무적인 성향이 맞아야 일이 원활히 진행되고 결과도 좋다. 전문가와 의뢰인은 비즈니스 관계로 만난 것이므로 서로의 이익을 추구하는 방향에 집중하여 논의하고 토론해야 한다. 그러면서 더 좋은 방향으로 업무 결과를 내도록 서로 최선을 다해 협조해야 한다. 여기서 성향 문제가 발생한다. 그런데 11년쯤 업무를 하다 보니 간단한 전화상담만으로도 의뢰인과 우리가 일 궁합이 맞을지 개략적으로 파악할 수 있게 되었다.

나는 승부사 성향이다. 그래서 조금만 사안을 틀면 좋은 성과가 있을 사안을 시도도 해보지 않고 포기하거나, 회의적으로 바라보는 의뢰인과 안 맞는다. 카더라 유형, 선무당 유형과도 맞지 않는다. 그(그녀)의 부동산의 분석을 위해서 쓸 시간을 잘못된 정보를 교정해주는 데 쓰기 때문에 비효율적이다. 그래서 과거에 잘못된 대처로 실패한 경험을 앞세워 다시 실패할까 봐 두려워하는 토지소유자에게 나는 좋은 감정평가사가 될 수 없다. 생각이 다르니 만나봐야 일도 잘 되지 않고 서로 상처만 받는다.

나는 실패한 경험이 있다면 원인을 분석하여 빨리 끊어낼 줄 알며, 성취를 두려워하지 않고 과감한 도전을 마다하지 않고 외부적으로 발생하는 위험을 어느 정도 감수할 용기를 갖춘 의뢰인에게 아주 좋은 감정평가사이다. 작두를 타려면 굿판을 벌여주는 사람을 만나야 한다. 의뢰인과 일 궁합이 맞아야 그(그녀)에게 좋은 감정평가사가 될 가능성이 높아진다.

담당자가 승패를 좌우한다

어느 날, 일정 사이에 잠깐 시간이 남아서 머리를 다듬으려고 모르는 미용실로 들어갔다. 조금 기다리니 연배가 좀 있어 보이는 분이 와서 내 겉옷과 소지품을 가져갔다. 나는 그 분을 졸졸 따라갔다.

내 머리는 고수가 케어해주세요

안내된 자리에 앉아 휴대폰으로 원하는 헤어스타일을 검색해서 보여주려는데 "디자이너와 스타일을 상담하시면 돼요"라는 것이었다. 짧은 순간 사람의 나이 및 외모를 보고 경력자라고 속단했던 것이다. 그 직원은 내게 가운 등을 입혀주는 기초적인 일만 했다. 역시 경험과 경력은 누군가의 얼굴만 봐서는 알 수 없다. 하지만 대체로 연배가 좀 있는 경우 반은 먹고(?) 들어가는 것이 있다. 고정관념이라 순간적으로는 깨기가 힘들다(우리 회사에도 백발의 직원을 채용해야 하나?!).

잠시 후, 젊고 아리따운 여성이 왔다. 원하는 스타일의 사진을 보여줬더니 내 머리를 이리저리 뒤져보고 당겨보았다. 이내 고객님 얼굴형과 머리 결을 볼 때 해당 스타일로 커트해서 편하게 관리하려면 이런 저런 설명을하며 스타일 제안을 했고, 내게도 충분히 설득력 있는 조언이라 그렇게 해달라고 했다. 잠깐 시간이 남아 커트를 하러 왔던 미용실에서 무려 3시간 코스의 머리를 하면서 처음 내 옷가지와 소지품을 보관품에 넣었던 말단 직원과 경력자들의 업무행태를 지켜보게 되었다.

말단 직원이 고군분투하는 일을 경력자는 쉽게 처리한다. 나를 담당하는 디자이너(경력자)가 말단 직원을 불러 내 머리를 반으로 나누어 뭔가 각각 약품을 도포하도록 지시했다. 나는 잠시 협업하는 변호사님들과 업무 카톡을 하고 있었다. 그 직원은 열심히 하는 것 같았다. 얼마 후 경력자가 말단 직원이 맡은 내 머리의 반 쪽 파트를 확인하는데 주변 공기가 급히 싸늘해졌다. 직원은 어디론가 불려나갔다.

거울을 봐도 뭐가 잘못되었는지 알 수 없어서 나는 불안했다. 매일 오는 미용실도 아니고 출근도 해야 하는데 나는 어떻게 되는 것인가 슬슬 걱정이 되기 시작했다. 잠시 후 경력자가 재빠르게 조치를 취했다. 안심이 되면서도 약간 짜증이 났다. 내가 뭐가 잘못되었냐고 물으니 경력자는 빨리 해결할 수 있는 단순한 일인데 걱정하게 해드려서 죄송하다고 했다. 이후 머리를 몇 차례 감는 과정에서 말단 직원, 경력자 두 명이 각각 감겨줬는데 말단 직원이 감겨줄 때 귀 뒷부분과 목덜미 부분을 더 헹궈달라고 요청한 반면, 경력자가 내 두피에 손가락을 대자마자 내 온몸의 긴장이 툭 풀리는 것을 경험했다. 그 두피마사지가 너무 개운해서 침이 나올 지경이었다.

담당자 생각의 틀만큼 결과가 나온다

동일한 재료를 가지고 음식을 해도 누가 요리를 하느냐에 따라 맛이 다르다. 분명히 똑같은 민원 처리 내규가 있을 텐데 공무원마다 처리하는 방식이 다르다. 어디 가서 무슨 일을 해결해야 할 때 그 일을 처리하는 사람이 당최 말이 안 통하고 융통성이 없으면 답답하다. 좀 더 원활하게, 유연하게, 탄력적으로 대응할 수도 있을 텐데, 왜인지 그 일을 처리하는 사람은 너무 고집스럽고 고압적이며 "한 번도 해본 적이 없어서 모르겠다"는 태도를 고수한다. 한 번도 해본 적이 없는 것이 자랑거리이거나 새로운 시도를 하지 말아야 할 근거가 되지는 않는다.

이 상황에 직면하면 선택은 두 가지이다. 첫 번째는 업무를 처리하는 사람의 "한 번도 해본 적 없어서 불가능할 것으로 본다"는 의견에 동조하고 빨리 포기하는 것이다. 그(그녀)가 알고 있는 고리타분한 방식으로 처리하도록 하며 거기에 따르는 손해를 감수하는 것이다. 두 번째는 기꺼이 새로운 방법을 찾을 마인드를 갖춘 담당자로 당장 갈아치우는 것이다. 나의 경우는 만약에 결과가 바뀌지 않더라도 무조건 후자를 선택한다.

담당자가 누구인가에 따라 결론이 다르게 나온다는 것은 거의 모든 일에 적용된다. 담당자 생각의 틀만큼, 경험치만큼 결과가 나오게 마련이다. 똑같은 사안을 놓고도 A판사는 A판결을 하지만 B판사는 B판결을 할 수가 있다. 같은 환자에 대해서 C의사는 C진단을 하는 반면 D의사는 D진단을 할 수도 있다.

감정평가도 마찬가지이다. 모두가 똑같은 금액으로 감정평가를 하지 않는다. 동일한 사안에서 서로 다른 의견을 낼 수도 있다. 물론 감정평가 담당자도 "한 번도 이렇게 해본 적이 없다"라며 다른 의견의 수용 자체를 거부하는 경우도 있을 수 있다. 담당자가 어떤 생각을 하느냐, 어떤 성향의 사람이냐에 따라 결과가 달라진다.

담당 감정평가사를 보조하는 직원의 역량도 중요하다

나 홀로 감정평가사사무소를 운영하는 경우가 아니면 대체로 감정평가업무는 감정평가사 1인이 혼자서 다하지 않는다. 우리 사무소에서도 1건의 보고서를 발행하기 위해 최소 4명이 함께 업무를 한다. 감정평가 접수, 공부발급, 현장조사, 가격 작업, 보고서작성, 심사, 세금계산서 발행, 발송, 협회 전례 등록의 업무를 감정평가사 1인이 혼자서 하기엔 투입하는 시간 대비 효율이 좋지 않다. 그런 점에서 업무 보조직원과 협업하는 시스템을 구축해놓았다.

대형 감정평가법인으로 갈수록 팀플은 더 심화된다. 직원 여러 명이 감정평가 절차 과정에서 각자 파트를 맡아 팀 작업을 한다. 혼자서 모든 일을 다 할 수 없는 감정평가사는 함께 일하는 직원과의 손발이 잘 맞을 때 일을 원활히 진행시킬 수 있다. 의뢰인들은 업무 처리의 과정에서 감정평가사에게 직접 물어보거나 요청하기에 사소한 것들을 직원들과 소통하며 해결하게 된다.

따라서 감정평가사를 보조하며 의뢰인과 대면 업무를 하는 직원들의 능력이 단순한 잡무 처리에 불과해서는 곤란하다. 그들은 성실하고 친절해야 하며, 감정평가업무처리 정보와 지식도 갖추고 있어야 한다. 감정평가사는 각 담당 직원에게 보고받는 내용을 바탕으로 많은 것을 결정한다. 의뢰인은 감정평가사를 보조하는 담당 직원들의 업무 성향 및 역량도 무척 중요하게 봐야 한다.

미용실과 감정평가

나도 11년 전에는 수습 평가사였고 셀 수 없이 많은 실수와 시행착오를 겪어 오늘의 내가 되었다. 어떤 분야이든 어디에서든 누구에게나 처음이 있고 인턴 과정이 있다는 것을 알고 있다. 그런데 서비스를 받는 사람이 인턴 대신 고수가 내 머리를, 내 수술을 혹은 내 부동산의 평가를 맡아줬으면 하고 바라는 것이 이기적인 것일까?

오래간만에 시간과 돈을 들여 파마를 하며 말단 직원이 나의 머리를 잠시 맡았을 때 내가 느꼈던 불안감, 불편함 그리고 무엇인가 잘못 돼서 한동안 모자를 푹 눌러쓰고 지내야 했을 수도 있었을 그 가능성을 생각하면 내 머리는 반드시 해당 파마를 잘하는 경력자가 담당해줘야만 한다고 생각했다. 다행히 파마는 잘 나왔다. 몇 개월 유지할 파마를 하는데도 이러한데 내 부동산의 감정평가를 처리하는 사람이 고수이길 바라는 마음은 오죽할까?

감정평가사 선정 시
여섯 가지 체크리스트

당신의 소중한 자산을 평가할 감정평가사, 어떤 감정평가사를 만나야 할까? 감정평가사 선정 시 필요한 체크리스트를 만들어 봤다.

반드시 확인해야 할 감정평가사 체크리스트

1. 몇 년차 감정인인가? – 실제 업무경력

몇 년차 감정인인지 확인해야 한다. 이것은 풀타임(full time job)으로 근무한 '실제 업무경력'을 말하는 것이다. 이 경력은 매우 중요하다. 장롱면허처럼 시험만 5년 전에 합격하고 대학원 등을 졸업했다거나 합격하자마자 금융권 혹은 공기업에 입사하여 감정평가 업무와 무관한 일을 하며 시간이 흘렀을 수도 있다. 감정평가 업무 중에 일정 경력 이상이 되어야만 해당 업무를 할 수 있도록 평가목적상 경력 제한을 두고 있는 분야가 있다. 대표적으로는 다음과 같다.

만 3년 차 이상 = 공시지가 업무, 수용재결·이의재결 업무
만 5년 차 이상 = 법원경매 평가업무
만 7년 차 이상 = 소송감정 업무

감정인 이력에 ○○법원 소송감정인 등이 존재하면 만 7년차 이상의 감정인임을 예측할 수는 있다. 하지만 문제는 실제로 현업에서 근무하지 않고 시간이 흐른 경우에도 상단의 업무를 할 수 있다는 것이다. 따라서 '실제로 근무를 하면서' 연차가 쌓인 것인지 여부를 반드시 확인해야 한다.

한 달에 경매평가 2~3건을 처리하면서 10년의 연차가 쌓인 감정인과 하루에 2~3건씩 처리하면서 3년의 연차가 쌓인 사람의 경험치는 후자가 훨씬 높다. 감정평가사의 경력은 굉장히 중요한 문제이다. 당신은 보이는 경력만큼이나 현장 경험이 풍부한 감정인을 선정하고 싶기 때문이다.

2. 대형감정평가법인 근무이력 여부

대형감정평가법인(100인 이상, 이하 대형법인)에서 근무하면 다양한 감정평가 사건을 접할 가능성이 높아서 업무 경험의 폭도 넓어지고 다른 평가사들과의 교류의 폭도 넓은 장점이 있다. 또한 대형법인에서 수년간 근무한 평가사들 고유의 업무 특성이 있는데 이런 디테일을 몸소 체험하여 알고 있는 것은 큰 장점이다. 나도 개인적으로 평가업무 경력의 초기~중기를 대형법인에서 보냈던 것이 평가사로서 역량 증대에 상당한 도움이 되었다. 감정평가사의 이력 중에 대형감정평가법인 근무 내용이 있다면 그(그녀)의 감정평가사 시험 합격 후 초기/중기/후기 중 언제, 몇 년을 근무했었는지 확인하면 된다. 개인적으로 대형감정평가법인 출신이라고 하려면 최소한 만 3년 이상의 근무 경력은 있어야 한다고 본다.

3. 공시지가 업무수행 경력

특정지역을 도맡아서 표준지공시지가업무 및 개별지가검증 업무를 수행하면 감정평가할 때 같은 지역 내에서도 토지의 개별특성에 따른 가격 균형을 고려하는 이른바 큰 틀을 보는 눈이 생긴다. 과거에는 '만 3년차 이상+현재 대형법인 근무'라는 것을 각각 충족할 때 공시지가 업무를 수행할 수 있었다. 그런데 최근 법률 개정으로 2021년부터는 회사의 규모와 무관하게 경력을 갖추면 공시지가 업무에 참여하게 되었다. 2021. 1. 1.을 공시기준일로 하는 2021년 전국의 52만 필지의 표준지공시지가에는 66개의 감정평가법인, 감정평가사사무소에서 총 1180명의 감정평가사가 참여한 것으로 알고 있다.

4. 현 근무지와 지위

대형법인, 중·소형법인, 감정평가사사무소에서 소속평가사, 이사, 대표 등 어디서 어떤 지위로 근무하고 있는지 확인한다. 평가업무 경험의 폭 및 가격결정권을 가늠해볼 수 있다.

5. 주로 하는 업무와 성과(나의 사건과 연동된 업무지식과 직접 경험 유무)

감정평가도 여타 전문직종과 같이 전문 영역이 세분화되므로 나의 사건과 유사한 사건을 주로 또는 전문적으로 처리하는 감정인을 선정해야 결과도 좋다. 상식이다. 따라서 자신이 염두에 두고 있는 감정평가사가 내 사건과 동일 또는 유사한 업무를 '실제로', '직접' 처리해본 경험이 있는지, 그 '성과'는 어떠했는지 반드시 확인하기 바란다.

어떤 사안의 한 사이클을 수차례 직접적으로 경험한 경력에서 비롯되는 노련함과 노하우를 초심자가 따라올 수가 없다. 내가 처한 상황을 생업으로 다루는 감정평가사를 찾아야 한다.

6. 협력전문가 인력풀 상태

법령, 판례, 부동산 정책 등 부동산 가격에 영향을 줄 수 있는 외부적인 요인은 정적인 것이 아니다. 항상 변화하고 있다. 이에 따라 업무의 처리 방침 역시 유연하게 적용해야 좋은 결과가 나온다. 3년 전의 트렌드는 현재 당신의 부동산 및 상황에 적용되지 않을 가능성이 높다. 또한 외부적으로 공개되는 것이 아니더라도 전문가 업계 에서 '○○사건은 ◇◇게 결정되더라' 하는 동향도 있다.

특히 절세, 보상금 분쟁, 재산 분할 등의 부동산 가격에 이슈가 있는 경우, 감정평가사가 모든 법률과 각 전문가 집단의 동향을 알 수는 없다. 따라서 감정평가사가 즉각적으로 사안의 해결을 위해 협동이 가능한 전문가 인력풀(변호사, 행정사, 세무사, 회계사 등 '해당 분야에 특화'된 전문가)을 갖추고 있는지, 언제든지 팀을 이루어 일할 수 있는지 확인해야 한다.

전문가가 찾는 전문가

선배, 동료, 후배 평가사들과 의견을 교환하는 것도 일의 중요한 부분을 차지한다. 감정평가사라고 모두 다 똑같은 생각을 하지 않기 때문이다. 일을 하다가 뭔가 고민되는 부분이 생기면 다른 평가사의 의견을 묻는다. 토론하고 상의하면서 다른 감정인의 의견을 충분히 들어보고 내 생각을 정리한 후에 결정한다. 내가 잘 아는 분야도 의견을 교환하며 일을 하는데, 잘 모르는 분야라면 어떨까?

아, 그거요? ○○○평가사님이 잘 아시던데!

어느 분야나 해당 업계 내 전문가들이 찾는 카운슬러가 있다.

최신 동향을 잘 파악하고 있거나 직·간접 경험의 사례가 많은 사람에게 조언을 구하는 것이다. 나도 감정평가사이지만 익숙하지 않은 일을 맡았을 때는 그 일을 많이 처리해본 사람에게 과외를 받는 편을 택한다. 전화 몇 통 돌리면 누가 그 일을 많이 한다는 것을 알아낼 수 있다.

실제로 특화된 분야의 일을 계속 하고 있으면서, 다른 감정평가사의 일도 도와주는 사람은 도저히 다른 사람이 따라갈 수 없을 정도의 능력, 전문적 식견, 경험치를 보유하고 있다.

다른 감정평가사로부터 의견이나 조언을 요청받는 감정평가사는 이른바 전문가가 찾는 전문가이므로 검증된 전문가라고 보면 된다. 이런 평가사는 많은 의견 조회를 요청받으므로 굉장히 다양한 사안을 직·간접적으로 접하게 된다. 그리고 자기는 잘 아는 그 분야에서 다른 감정평가사들이 어떤 부분을 고민하는지 알게 된다. 의견을 구하는 사람도, 제공하는 사람도 의견 교환의 과정에서 서로 경험치를 쌓는 것이다.

감정평가사가 필요할 때, 감정평가사가 찾는 혹은 추천하는 사람을 찾으면 어느 정도 검증된 감정평가사를 만날 수 있다. 좋은 감정평가사란 좋은 마음씨를 지닌 감정평가사가 아니고 당신이 처한 사건에 대하여 많은 사례를 갖고 있는 평가사이다.

'열심히' 하는 사람과 '잘'하는 사람

내가 전문가를 선정해야 하는 상황이라면 나는 일을 열심히 하는 사람보다는 잘하는 사람을 찾을 것이다. 감정평가사들이 업무 중에 의견을 구할 다른 감정평가사를 찾는 과정에서도 "평가사님, 제가 일이 있어서 의견을 좀 구하고 싶은데요, 열심히 일 하시는 감정평가사님 아세요?"라고 묻지 않는다. "이런 일 많이 하시는 분 아세요?"라고 묻는다.

일을 열심히 하는 것도 중요하다. 특히 근면성실이 미덕인 우리 사회에서는 맡은 바 열심히 하는 것을 아주 중요시 여기는 것 같다. 그러나 전문 영역에서 성실성은 반드시 전문성이 전제된 때에야 비로소 빛이 난다. 전문가가 전문성 없이 성실하기만 해서야 일이 잘 처리되겠는가. 물론 전문가라도 지나치게 불성실한 것은 곤란하다. 일의 처리 과정에서 핵심을 놓칠 수 있기 때문이다. 감정평가사 선정 기준의 우선순위는 전문성이 되어야 한다. 전문가는 한 건의 일만 처리하고 있지 않으므로 사안의 핵심을 뚫어보며 효율적으로 업무 처리를 할 정도로 성실하면 된다. 의뢰인은 일을 '열심히' 하는 사람이 아닌 '잘' 하는 사람을 찾아야 한다.

코로나 블루,
수용(소송) 블루에서 벗어나자

2019년부터 전 세계를 강타한 Covid-19, 이른바 코로나 바이러스는 어느덧 일상이 되어버렸다. 코로나19와 관련된 신조어들도 많이 생겨났는데 '코로나 블루'는 코로나19와 우울감(blue)이 합쳐진 신조어로, 코로나19 확산으로 일상에 큰 변화가 닥치면서 생긴 우울감이나 무기력증을 뜻한다고 한다.

코로나 블루와 피수용자(현금청산자) 블루, 소송당사자 블루

이 코로나 블루라는 신조어를 접하고 나는 평소에 경험하던 '피수용자(현금청산자) 블루', '소송당사자(원·피고) 블루'라는 단어를 생각해봤다. 이런 현상은 실제로 존재한다. 재건축·재개발·공익사업 또는 이혼소송이나 공유물분할 또는 유류분반환청구 등에서 발생하는 재산분할 분쟁에 휩쓸린 상태로 혼란의 도가니 속에서 힘들어하는 사람들이 많다.

일생일대의 큰일을 당한 그들은 일반인이다. 평생 살면서 소송을 단 한 번도 해본 일이 없고 내 땅을 강제로 수용 당해 본 일도 없다. 그냥 평범하게 회사에 다니고 자식을 키우는 소시민들이다. 직장도 나가야 하고 일상생활을 계속 해내야 하기 때문에 강제수용이나 소송에 올인을 할 수가 없다. 사실 올인을 한다고 해도 뾰족한 수는 없다. '감정평가액'으로 보상금과 재산 분할가액이 결정되기 때문이다. 특이한 분야이다.

당사자로서는 엄연히 내 재산인데도 내가 할 수 있는 일이 별로 없다. 절차를 겪으며 더욱 낙담하게 되고 더더욱 무력함을 느낀다. 점차 수동적인 자세로 길들여지게 된다. 부동산이 목적물이다 보니 가액의 규모가 어마어마한 것에서 우울감은 더 심해진다. 실제로 일을 당하는 사람에게는 상당히 공포스럽고 무서운 절차임이 분명하다. 특히 강제수용의 절차나 매도청구소송 등의 상대(조합, 공공관리자 등)가 덩치가 큰 경우 사건의 시작부터 '내가 뭘 어떻게 하겠어, 내가 나선다고 뭐가 바뀌겠어?'라고 반 포기 상태의 사람들이 우후죽순처럼 나온다. 어깨 축 처진 패잔병의 모습을 한 사람들을 마주하며 나는 피수용자 블루라는 단어를 떠올린다.

그대여, 용사가 되십시오

피수용자/소송당사자 블루에 빠진 분에게 진심으로 조언한다. 패배주의에서 벗어나는 것이 첫 번째 할 일이다. 벌떡 일어나야 한다. 자신의 권리를 지키기 위해서 힘을 내서 싸워야 한다. 금쪽같은 내 부동산을 헐값에 뺏기기 직전이다. 저들은 진작부터 전문가를 활용하는데 정작 소유권을 뺏기는 소유자가 가만히 있다가 가마니가 되어서야 되겠는가.

대체로 일이 어떤 지경에 이른다면 그 상황까지 가도록 방관한 것은 소유자요, 결과에 대한 책임을 지는 것도 소유자이다. 복잡하게 생각할 것도 이것저것 따질 것도 없다. 축 처져 있을 시간도 없다. 직관적으로 대응해야 한다. 상대방이 열과 성을 다해 나에게 손해를 끼치려는데 마음대로 하도록 내버려둬서야 되겠는가. 싸워야 한다. 방법을 찾아야 한다. 적극적으로 해결하기 위해 나서야 한다. 내가 방치한 내 사건은 시간이 갈수록, 절차가 진행될수록 나에게 불리해진다.

다툴 기회가 있을 때, 뒤집을 시도를 해볼 수 있을 때 전력을 다해 달려들어 싸워야 한다. 빠를수록 좋다. 대응의 시기를 허망하게 놓치면 회복이 안 된다. 내 재산은 내가 지키는 것이지 누가 대신 안 지켜준다. 어려운 일이 닥친다면 나부터 용사가 되어야 한다. 우울한 마음, 질 것 같은 마음, 잘 안 될 것만 같은 그런 마음 따위 모두 모아서 쓰레기통에 버리자.

기운을 차리고 싸울 생각이 들어야 좋은 전문가를 찾을 마음을 갖게 되고, 열심히 손품도 팔고 상담도 하며 옥석을 가리게 된다. 피수용자 블루 따위는 던져버리고 싸울 태세를 갖추는 의뢰인의 마음가짐이 좋은 감정평가사를 만날 수 있는 가능성을 높인다.

실제 의뢰인들의 감정평가사 사용 후기

대구광역시 ○○구 재개발 구역 현금청산자 의뢰인 **대표 박○○氏**

재개발, 재건축, 지역주택, 토지보상, 수용 등 이 단어들에서 무엇이 떠오르시는가? 많은 사람이 지주가 팔자 고치겠거니 생각할 것이다. 나도 그랬다. 직접 당하기 전까지는.

주민의 이익만 위해 일할 것을 약속하는 조합, 오롯이 업무대행에 매진하겠다는 시행사, 가성비 최고의 아파트로 보답하겠다는 시공사는 화려한 청사진을 내걸고 표를 구걸한다. 그러나 업체 선정 이후 이 삼총사는 얼굴을 바꾼다. 사업 전 과정의 정보를 독점하고, 수천 억 원의 예산을 입맛대로 집행한다. 관리감독 의무가 있는 지방자치단체는 절차상 하자만 없으면 문제 삼지 않으니, 잔치판의 화룡점정을 찍는다. 이쯤에서 도우미의 탈을 쓴 브로커가 등장한다. 이들 대부분은 지주들을 법률적으로, 절차적으로 돕겠다는 약정을 하며 돈을 받고 실제 일은 거의 하지 않는 얼치기 전문가들이다. 놀랍게도 상당수가 변호사이다. 시간은 흘러가고, 분양 공고와 함께 사업이 순조롭게 진행되고 있다는 소식을 지역 신문을 통해 접하는 신비한 체험을 하게 된다.

이 게임의 가장 큰 오류는 사업 주체인 원주민이 철저히 소외된다는 점이다. 핵심은 내 부동산의 정당한 가치 평가와 타이밍이다. 사업의 특성상 최초의 감정평가액과 인근의 최근 평가전례 및 거래사례가 절대적인 가격 결정 요소이다. 합법적으로 내 부동산을 미리 감정평가도 해보고, 감정평가를 잘 받기 위한 논리를 갖춰서 지주를 대변할 파트너가 있다면 문제는 단칼에 해결된다. 이것을 할 수 있는 전문가를 찾고 찾아 만난 이가 로안감정평가사사무소의 '박효정 대표 감정평가사(행정사)'이다. 현재까지, 이 일을 성공적으로 해낼 수 있는 유일한 스페셜리스트라고 본다. 실제로 여러 지역에서 보상 절차를 겪어보고, 강제수용을 당해보며 느낀 점이다. 고통받고 있는 대한민국 모든 피수용자들의 건승을 기원한다.

경기도 ○○시 3기 신도시 피수용자 최○○氏

2018년 12월 겨울, 오후의 따뜻한 티타임에 3기 신도시 발표는 소시민의 평화로움을 조각내는 사건이었다. 재산의 금전적 가치보다 더 소중한 부모님과 수백 년 지켜온 조상님의 숨결이 곳곳마다 깃들어 있는 소중한 터전이었는데, 우리 부부는 그날 이후 제대로 잠들 수가 없었다.

피할 수 없는 황당한 현실에 직면하다 보니 난국을 헤쳐 나갈 방법을 찾게 되었다. 그때부터 평범한 전업주부였던 나는 모든 일을 제치고 컴퓨터 앞에 앉아서 눈이 빠지도록 인터넷을 검색하게 되었다. 아들의 대입입학 전형을 연구하던 시절 이후로 검색만 또 하고 또 했다! 키워드는 '3기 신도시', '신도시 보상' 등이었다.

생소한 분야를 접하는 내가 보기에도 부실한 내용이 많았고 도움이 크게 되는지 잘 모르겠는 수준의 설명도 많았다. 부동산업자, 행정사, 변호사 등의 블로그에는 나의 갈증을 해결할 정보가 많지 않아, 검색을 반복하던 중 마침내 두드리고 싶은 블로그를 발견하게 되었다. 바로 로마 시대 검투사 로고가 있는 블로그 '로안감정평가사사무소'였다. 이 블로그의 '내 편 감정평가사', '무료상담사절' 기타 다소 당찬 제목의 글들을 하나씩, 하나씩 읽어보다가 연락해보기로 결심했다. 이 결심이 나에게는 결과적으로 행운의 여신이 내민 손짓이었다.

정확히 2018년 12월 29일에 연락해서 2019월 1월 2일 박효정 감정평가사님께 정식으로 상담을 받고 로안감정평가사사무소를 파트너 삼아 3기 신도시 수용에 관한 대응책을 A~Z까지 모든 도움을 받으며 아직도 토지보상을 진행 중이다.

신도시 수용은 피수용자에게는 피눈물 나는 일이다. 이 어두운 긴 터널을 어떻게 빠져나가야 할지 막막하고도 험난한 작업이다. 대부분 처음 겪는 사건이고 공권력의 음흉한 폭력 앞에 무기력해지고 울분만 쌓이는 비극적 상황이다. 직접 당한 나의 개인적인 경험으로는 정부, 연대하는 각종 주민대책위원회, 해당 지방자치단체, 국회의원, 법무법인 등 그 어느 곳도 피수용인의 권익을 보호해주지 않았다. 결국 스스로 본인의 재산권을 적극적으로 지켜야 하는 냉혹함을 직시해서 이 문제에 대처해야 한다. 이런 과정에서 많은 사람이 냉소적으로 반응했던 감정평가사의 사감정 그 자체와 지속된 로안감정평가사사무소의 도움이 내게는 크게 긍정적 효과가 있었음에 감사할 뿐이다. 식상한 표현이지만 '약은 약사에게 진료는 의사에게'라는 말처럼 '토지보상은 박효정 감정평가사에게!'가 정답이다. 앞으로도 부디 수많은 억울한 이들에게 빛이 되어주시기를 바란다.

부동산 투자컨설턴트, 경·공매 전문 투자자 유○○氏

부동산 투자 컨설팅을 하는 나는 몇 년 전, 경·공매 투자자라면 한 번쯤은 다 해본다는 공유 지분 공매에 대한 컨설팅을 하면서, 사전준비 부족으로 쓰라린 경험을 한 적이 있다. 공유 지분 물건 중 감정 가격 7억 2천만 원의 도시계획시설 부지인 대학교 교정 안의 임야를 4억 6천만 원에 낙찰받은 것이다. 경험상 적어도 공유물분할청구소송을 통해 상대방에게 공매 시작가인 감정 가격 수준의 협상을 이끌어 낼 것이라 판단했고, 낙찰받자마자 공유물분할청구소송을 진행하게 되었다.

1심 판사님은 공매 감정 가격 수준인 7억 1천만 원으로 과반수 공유자인 상대방에게 매수하도록 강제 조정 결정을 내렸다. 우리는 그 가격에 매도할 생각이었다. 그런데 상대방이 개인이 아닌 공익법인이라 형식적인 이의신청을 했다. 그 결과 법원감정을 하게 되었는데 법원

감정평가사가 5억 2천만 원으로 감정평가액을 결정했다! 그리고 이 가격대로 판결이 났다. 항소심에서 감정평가사 자격을 보유한 변호사를 소송대리인으로 선정하여 최선을 다해 소송을 진행했다. 4년 이상 걸려 대법원까지 가는 소송전을 벌였으나, 결국 5억 6천만 원에 매도하고 종결되었다. 1심 진행 시 법원이 평가한 감정가격이 끝까지 발목을 잡았다. 매도 당시 공시지가만 해도 8억 9천만 원이었다.

나중에야 알게 된 로안감정평가사사무소의 블로그를 통해 회사 대표인 박효정 평가사님의 글들을 모두 읽어보았고 3건의 시세 감정을 의뢰했다. 모두 성공적인 결과를 얻었다. 이후로 여러 가지 의사결정에 조언을 받으며 투자를 진행하고 있는 모든 물건들에 대한 컨설팅을 의뢰하게 되었다. 실제 업무로 겪어본 박효정 평가사님은 보상 및 소송 관련 감정평가에 관해서는 다년간의 실전 경험을 통해 다져진 진짜 실력을 갖추고 있었다. 철저한 업무처리를 자랑하는 국내에서 손꼽히는 실력을 가진 전문가 중의 전문가였다. 만일 우리가 뼈저린 실패를 겪었던 그 투자를 진행하기 전에 로안감정평가사사무소를 알았다면, 아마도 그 결과는 크게 달라졌을 것이다.

인천광역시 ○○동 매도청구소송 피고 이○○氏

세금 한 번 밀리지 않고 꼬박꼬박 내면서 오랜 시간 나와 함께해 온 소중한 내 부동산이었다. 죽을 때까지 가꾸면서 함께할 생각으로 살던 어느 날 갑자기 매도청구소송 소장이 날아왔다. 듣도 보도 못한 황당한 감정평가 금액이 적힌 통지서와 함께 왔다.

대형감정평가법인부터 개인사무소까지 수십 통이 넘는 전화를 돌렸다. 상담 내용은 제각각이었다. 내가 처한 상황에 대해 이해하지 못하거나, 근거 없는 수수료 흥정을 하는 사람도 있었다. 의뢰인의 억울함과 다급한 마음을 이용해 대충 시늉만 하고 돈을 갈취하려는 '자격증 가진 자'가 많다는 것을 알게 되었다. 잘못하다간 나만 억울하게 되겠다는 생각이 들었다. 그러다 로안감정평가사사무소의 블로그 글을 읽어보게 되었다. 이 블로그는 예전에 증여와 관련해서 알아볼 때 그냥 잠깐씩 들렀었다. 전문가 사칭(?)은 아닌지 모든 글을 의심과 불신의 눈으로 훑어봤다. 하지만 진심은 통하는 법. 전적으로 내 편이 되어 내 부동산의 장점을 알아봐줄 전문가라는 확신이 들었다.

수많은 감정평가사 중에 왜 박효정 감정평가사인가? 그녀는 치열하게 싸운다. 의뢰인의 곪아버린 마음을 잘 알고 있다. 누구도 반박할 수 없는 논리와 근거로 의뢰인에게 무기를 만들어준다. 열정과 직업에 대한 자부심으로 가득 차 있다. 내 심정으로, 나를 위해 싸워줄 전문가를 찾기는 결코 쉽지 않다. 요즘처럼 자신이 전문가라고 주장하는 이들이 많은 시대에는 더욱 그렇다. 재판 전에 이미 감정평가가 되어 있어 절대적으로 불리했던 내 부동산의 가격은, 새로운 논리의 필요성을 주장했던 박효정 감정평가사의 손에서 재구성되었고, 결국 법원 감정평가에서 아주 좋은 결과를 받을 수 있었다.

박효정 감정평가사가 누구도 반박할 수 없도록 온갖 자료와 근거를 모아 화끈하게 업무를 처리했기 때문이었다. 덕분에 가격 협상 시 우위를 점할 수 있었고 재판은 순조로이 끝났다. 사람의 앞일은 누구도 알 수 없다. 언제 합법이라는 명분으로 들이닥쳐 내 재산과 가족의 행복을 위협할지 모른다. 이런 일을 모두 겪고 나니 감정평가의 중요성이 일반인에게 잘 알려지지 않았다는 사실이 안타까웠다. 정보의 홍수 속에서 자신에게 필요한 정보를 찾지 못해 하루하루 수명이 줄어드는 걸 느끼는 사람들이 지금도 많이 있을 것이다. 박효정 감정평가사님께 진심으로 감사드린다. 나에게 그랬던 것처럼, 항상 어디에선가 어려움을 겪고 있을 많은 이들의 마음에 희망을 주고, 나아갈 방향을 알려주고 있을 것이라 믿는다.

부산광역시, (주) ○○인베스트 대표 이○○氏

나는 부동산 투자회사를 운영하고 있다. 2019년도에 부산에 있는 00재건축구역 내의 부동산을 경매로 낙찰받게 되었는데 조합원의 지위가 없어 매도청구 대상이 되는 부동산이었다. 당시 회사에서 부동산을 4억 원 정도에 낙찰을 받았는데 조합은 3년 전의 종전자산평가금액을 기준으로 2억 5천만 원을 주겠다고 했다. 그 금액을 받아들이지 않으면 매도청구소송을 제기하여 더 낮은 가격에 빼앗아가겠다고 했다.

재개발이나 재건축사업이 진행되는 경우 조합은 수용 또는 매도청구에 의해 구역 내 부동산을 강제로 취득할 수 있기에 조합의 매도청구소송을 대비해야 했다. 매도청구소송이 제기되면 결국 법원에서 선임한 감정평가사에 의해 매도청구금액이 정해지게 된다.

따라서 나로서는 조합의 매도청구에 대비하는 방법은 오직 하나뿐이었다. 법원 감정평가 이전에 매도청구소송의 절차와 특성을 잘 이해하고 있는 감정평가사에게 시가평가를 의뢰하는 것이었다. 우연히 인터넷을 검색하다가 박효정 평가사님의 진심이 녹아 있는 글들을 보게 되면서 이 분에게 의뢰해야겠다고 결심하게 되었다. 하나의 사건이라도 기계적으로 처리하는 것이 아니라 고민과 연구를 많이 하는 것 같았다. 연락을 하자 문제가 되는 부분 및 앞으로의 향방, 대응방법들에 대해 직접 상담해주셨다.

사실 나는 업의 특성상 감정평가를 종종 의뢰하곤 하는데 이 분은 다른 분들과 달랐다. 놀라울 정도의 열정으로 업무에 임했다. 앞으로의 매도청구에 대비해 평가를 준비하기 위해 밤낮을 고민해주셨고 결국 가격 다툼에 아주 유리한 업무 결과를 나오도록 해주셨다.

대부분의 사람들이 감정평가의 중요성을 몰라서 속수무책으로 당하는 사례가 너무 많다. 왜냐하면 감정평가라는 것이 생소한 분야라서 평소 맞닥뜨릴 일도 없고, 정보를 얻으려고 해도 정보를 얻기도 쉽지 않기 때문이다(정보를 얻는다 한들 숙지할 수 있는 것도 아니라고 생각한다). 내가 경험한 바로는 감정평가 금액에 대해 조합의 수용재결이나 매도청구에 대응하는 것은 불가능에 가깝다. 무조건 전문 감정평가사와 상담해야 결과를 바꿀 수 있다.

서울특별시 ○○구 재개발 구역 현금청산자 권○○氏

박효정 평가사님과는 소유상가의 재개발을 겪으면서 인연을 맺게 되었다. 그 당시 나는 감정평가가 어떤 것인지도 모르고 그저 변호사님의 권유로 하게 되었는데 사실 내가 이걸 왜 해야 하는지도 모르는 왕초보였다. 시간이 지나 직접 겪어본 소송에서 감정평가가 얼마나 중요한지 알게 되었다. 내 재산의 가치가 얼마인지가 소송의 핵심인 것을 많은 시간이 흐르고 난 뒤에 알게 되어 아쉬운 점이 많았다. 그러던 어느 날 경기도 소재의 소유하고 있는 토지의 일부가 고속도로로 편입되는 일이 생겼다. 재개발을 겪으며 얻은 학습효과로 이번에는 소송 진행 전 박효정 평가사님께 먼저 상의를 드리고 감정평가도 받았다. 보상 단계마다 매번 감정평가사들이 나와서 감정평가를 했고 우리를 대리하는 변호사가 모든 의견서에 감정평가서를 첨부했다.

현재는 소송 중이라 결과를 예측하기 어렵지만 그 결과와 무관하게 박효정 평가사님께 너무 감사드린다. 바쁘신 가운데에도 전화드릴 때마다 친절하게 설명해주고 정보도 찾아봐주고 조언과 함께 위로의 말씀들을 많이 해주신다. 부족한 나는 평가사님 덕분에 많은 것을 배우는 귀한 시간을 가질 수 있었다. 만약 앞으로 이런 일을 또 겪게 된다면? 박효정 평가사님이 가장 먼저 생각날 것 같다.

대전광역시 ○○구 재건축구역 매도청구소송 피고 권○○氏

내 소유의 부동산이 현금청산이나 매도청구소송의 대상이 된다는 건 대부분의 사람에겐 상당히 낯선 상황임이 분명하다. 관건은 내 재산을 얼마를 받고 넘기는 가인데, 이 홍정의 상대는 대형 로펌을 동원한 사업 주체(조합)일 테니 어린아이와 어른이 씨름을 하는 꼴이라고 해도 과언이 아니다. 인터넷에서 값싼 중고품 하나를 팔 때도 적정가격을 잘 파악한 후, 한 푼이라도 더 받으려고 공을 들이면서 물건의 가치를 애써 설명하는데, 이와는 비교할 수 없이 더 큰 재산 가치의 부동산을 그저 남이 평가하는 대로 금액을 정하고 팔아넘긴다면 마음 좋다는 말은 들을지 모르지만 이런 호갱이 또 있을까? 하지만 문제는 과연 내 부동산의 가치를 정확히 파악하고 있는 사람이 몇이나 될까?라는 점이다.

약 1년 전 내가 똑같은 상황에 처했을 때, 나는 가장 먼저 최소 얼마를 받아야만 억울하지 않고, 최대 얼마까지 받을 수 있는가를 확인하는 것이 급선무라고 생각했다. 그래서 내 재산의 가치를 객관적으로 평가하고 내 입장에서 대변해줄 전문가가 찾아 헤맸으며, 그 결과 로안감정평가사사무소를 만나게 되었다. 제대로 된 감정평가를 통해 내 재산의 가치를 직접 확인한 후에야 스스로 얼마를 받아야겠다는 기준을 잡을 수 있었고, 매도청구소송에 대응하는 내 변호사와 수임 계약을 할 때도 목표 가격을 자신 있게 제시할 수 있었다.

이후 1년간의 긴 공방 과정에서도, 내가 의뢰해 진행했던 감정평가 결과는 법원에 제출할 수 있는 근거자료가 되었고, 결과적으로 상당히 만족스런 금액을 받을 수 있게 되었다. 돌이켜보면 내 편 하나 없는 낯선 상황에서 가장 먼저 전문 감정평가사를 우군으로 만든 것이 이후의 과정을 순조로운 방향으로 이끈 첫 단추가 되었다고 생각한다. 비슷한 상황에서 어려움을 겪는 많은 분들에게 참고가 되길 바란다.

대전광역시 ○○구 재개발 구역 현금청산자 최○○氏

내 상가 건물은 향후 발전가능성이 높은 지역의 대로변에 접해 있고, 우리 지역은 현재 재개발 조합이 설립되어 사업시행인가를 앞두고 있다. '재개발'이라는 말을 들으면 가슴에 무언가 얹혀 있는 기분이다. 앞으로 뚜렷한 기한이 정해져 있는 것도 아니니 더욱 답답하다.

어느 날, 우리 지역이 재개발 구역으로 지정되더니 추진위원회가 구성되고 집집마다 동의서를 받으러 풀어놓은 컨설팅 업체 직원들로 지역이 시끄러워지기 시작했다. 이때 재개발과 관련된 책을 구입해서 읽게 되었고, 그 책의 저자인 변호사님을 찾아가 상담을 받게 되면서 로안감정평가사사무소의 박효정 감정평가사님과 인연이 시작되었다.

이야기를 들을 준비가 되어 있다는 박 대표님의 차분한 자세와 많은 경험을 통해 다양한 사례를 들려주시던 점, 피수용자의 무리한 요구에 대해 솔직히 토로해주신 점 덕분에 깊이 신뢰할 수 있게 되었다. 이런 점은 박 대표님에게 업무를 의뢰해본 사람이라면 알 것이다. 민주주의, 자본주의 국가에서 개인의 재산을 가지고 재개발을, 공공의 성격을 띤 개발사업이라 명명하며 개인의 재산을 강제로 시세 이하 수준으로 가져간다는 것이 있을 수 있는가? 재개발 사업에서 '어떻게든 되겠지' 하는 생각으로 넋 놓고 기다리기만 하면 내 재산이 남에 의해 평가절하를 받는 일이 생긴다. 일개 개인은 조합, 시공사, 컨설팅 업체와 기타 이익집단으로 무장한 조직적인 움직임에 제대로 대항도 못해보고 억울하게 손해를 보게 된다. 특히 우리의 경우처럼 구역 내에서 외지투자자인 경우와 상대적으로 금액이 소액인 빌라의 소유자들보다 원주민이거나 대지주인 사람들의 손해가 크다.

개인은 재개발사업에서 약자일 수밖에 없다. 조합이나 시공사는 그들의 이익 때문에라도 개인의 재산 가치를 낮추려고만 할 것이다. 그래서 스스로 재산을 지키기 위해 사감정을 의뢰하여 준비하는 것을 추천한다. 아무런 준비 없이 아무리 말로써 호소한들 시세보다 낮은 감정평가를 받게 되고, 후에 이의제기를 해봐야 이미 나와 버린 감정평가 수준에서 크게 오를 수가 없기 때문이다. 로안감정평가사사무소의 박효정 대표님은 토지와 건축물에 대한 자산평가를 최대한 피해받지 않도록 다각도로 도와주셨다. 또한 이후의 재개발 진행 상황과 관련하여 미리 준비해놓아야 하는 일에 대해서도 늘 함께 해주셔서 감사드린다.

흔히 재개발 구역으로 묶인 지역에서 조합원들은 무조건 끝까지 반대를 하면 높은 보상금을 받을 수 있다거나 언젠가는 구역 지정이 해제될 수 있다고 생각하는 것 같다. 하지만 현실은 그렇게 녹록하지 않다. 반대를 할 때는 하면서 훗날 분쟁에 대비해 현명하게 감정평가를 준비하는 것이 내 재산을 지키기 위해 해야 할 최소한의 대비이다. 재개발은 나의 일이고, 진행되고 있는 것이 현실이기 때문이다.

수지신협 기흥지점 지점장 **오신영**

10년 전, 여신팀장과 감정평가사로 처음 만났던 박효정 평가사는 스마트함과 당당함 그 자체였다. 의뢰인으로서 그런 그녀를 신뢰하는 것은 아주 자연스러운 일이었고 업무는 늘 만족할만한 결과로 돌아왔다. 세월이 흘러 지점장이 된 나는 박 평가사가 전문분야를 개척하여 괄목할 만한 성과를 이루는 것을 목격하고 있다. 10년 전이나 지금이나 한결같이 대단한 열정과 실력이다. 최근에는 종중 토지가 수용되어 고민하던 우리 지점 VIP 고객의 보상금증액 사건을 맡아 훌륭한 결과로 마무리해주어 고마웠다. 내 친한 지인의 일, 내 일도 늘 박 평가사에게 상의한다.

바야흐로 전문자격사의 무한경쟁 시대이다. 변호사, 회계사, 감정평가사 등 어떤 전문가를 선택하는지에 따라 결과가 달라진다. 나의 주 업무였던 부동산 담보대출, 여신분야도 담보 감정평가를 수행하는 담당평가사가 누구인가에 따라 결과가 달라진다. 수년간 수많은 감정평가사와 업무 경험이 있는 나는 박 평가사를 그들 중 으뜸이라고 자신있게 말할 수 있다. 신뢰할 수 있는 전문가인 그가 공익사업에 의한 수용보상, 재산 분할소송 등 큰 재산을 두고 분쟁에 휘말려 어쩔 줄 몰라하는 일반인들에게 탄탄한 실무경험과 지식으로 가득 찬 희망의 광선을 쏘아주길 기대한다.